당신의 영어는 커리어가 된다

당신의 영어는 커리어가 된다

박인영 지음

메이애플
MAYAPPLE

프롤로그

"이 지경이 될 때까지 뭐 하셨어요?
두 번 다시 춤을 못 추게
될 수도 있습니다."

드라마에나 있을 법한 대사였습니다. 병원을 나와 돌아오는 차 안, 금방이라도 쏟아질 것 같은 눈물을 속으로 꾹 삼켰습니다.

여느 날처럼 토슈즈를 신고 발끝으로 서는데, 발레 바(ballet barre) 앞에서 발가락에 힘이 들어가지 않았습니다. 평소처럼 연습에 집중하려 애썼지만, 몸이 제대로 움직이지 않았습니다. 그렇게 준비도 없이 발레 인생의 마지막을 맞이했습니다. 바로 전 학년까지 주인공 역할로 발표회를 마치고, 여러 대회에 출전하며 활발히 활동하던 시기였습니다.

예술고등학교 3학년. 친구들이 대학 진학을 위해 입시 준비에 한창일 때, 저는 재활치료를 위해 병원을 오가는 날이 늘어났습니다. 예고 졸업 후, 동창들은 명문 대학의 무용과에 합격

해 캠퍼스 생활을 즐기고 있었지만, 저는 그간 해온 발레 전공으로는 대학 진학 자체를 할 수 없는 상황에 놓였습니다. 한동안 혼자만의 시간 속에 갇혀 지냈습니다.

'나는 외국어로 소통하는 것을 좋아하니까
호텔리어에 도전해 보자.'

심사숙고 끝에, 발레리나의 길을 접고 새로운 분야에 뛰어들기로 했습니다. 마침, 호주의 한 호텔학교에서 신입생을 모집한다는 공고를 보게 되었습니다. 그렇게 생애 첫 영어 면접을 준비했습니다. 온갖 사전과 인터넷을 뒤져가며 영어 자기소개서를 쓰기 시작했습니다. 미래의 호텔리어로서 내가 생각하는 나의 가능성과 장점은 무엇이고, 학교 본 과정을 잘 따라가기 위해 어떻게 영어 실력을 늘려나갈지 나름의 포부도 넣었습니다. 하지만 한국의 평범한 전(前) 발레 전공생이 영어를 잘했을 리가요. 호주의 대학에 입학해서 수업을 듣기엔 역시나 영어 실력이 부족했습니다.

'이래서 영어 면접이나 치를 수 있을까?'

그렇다고 포기할 순 없었습니다. 연습만이 살길이었습니다. 발레 연습실에서 땀 흘리며 연습했던 때처럼, 거울을 보고 미소를 유지하며 직접 쓴 영어 자기소개서를 끝없이 낭독했습니다. 어느새 암기한 몇 페이지의 글은 눈 감고도 줄줄 외우게 되었습니다.

물론 여러 질문과 답변이 오가는 쌍방 소통 방식인 면접 상황에서 암기한 대로만 말할 수는 없지만, 정성 들여 작성한 자기소개에는 유용한 표현과 구문이 다수 들어 있었습니다. 예상치 못한 질문이 와도 미리 체득해 놓은 문장에 알맞은 어휘를 대체하여 전달했습니다. 결과는 어떻게 되었을까요? 감사하게도 600만 원 상당의 ESL 어학 과정 장학금을 받고, ESL 과정을 병행한 후 1학년이 되는 조건부 입학을 하게 되었습니다. 발레를 그만두고 약 1년 만에 스스로 이룬 작은 성과이자, 영어권 국가로의 첫 유학길이었습니다.

고대하던 호주에서의 대학 생활. 하지만 예상보다 빨리 현실과 마주하게 되었습니다. 호텔학교는 제가 기대했던 것과는 사뭇 달랐습니다. 한국식 입시 영어 교육을 벗어나, 실제로 영어를 사용하며 배우는 수업 방식은 분명 새롭고 흥미로웠지만, 전반적인 과정은 반복적인 업무 중심으로 구성되어 있었습니다. 점차 내면에서는 단순히 '영어를 유창하게 구사하고 싶다'를 넘어 '영어로 학문을 깊이 있게 탐구하고 싶다'라는 열망이 커졌습니다.

'영어를 더 배우고 싶다.

영어로 인문학을 전공하면 얼마나 좋을까.'

고민 끝에, 미국 하와이에 있는 칼리지로의 유학을 결심하게 되었습니다.

호텔학교에서 비즈니스 영어와 프레젠테이션 역량을 키웠다면, 이곳에서는 대학 과제의 꽃, 영어 에세이를 심도 있게 다루었습니다. 미국 교육 시스템에서는 지원자와 재학생의 작문 능력을 매우 중요하게 평가하기 때문입니다. 이때부터 수업은 물론, 교내 러닝 센터에서 한국어 튜터, 성적 우수자 대상 리더십 클럽에 가입해 수업 외 활동도 열심히 임했습니다. 미국에서 대학교에 진학하거나 편입을 목표로 한다면, 우수한 학점 관리뿐 아니라 '나만의 이야기'를 만드는 것이 필수입니다.

미국은 다재다능한 인재를 선호하는 문화입니다. 학업 성과 외에도 스포츠, 예체능, 문학, 대회 수상, 봉사 활동 등 다양한 영역에서 쌓은 경험과, 그 과정에서 얻은 교훈과 가치를 자신의 언어로 풀어낼 수 있어야 합니다. 저 역시 이왕 유학 온 거, 멋진 경험을 많이 쌓고 싶었습니다.

시간이 흘러, 칼리지 졸업이 가까워지면서 다음 진학 준비를 하고 있었습니다. 현지 친구들은 크게 2년제로 학업을 마무리하거나, 하와이 주립대학교에 3학년으로 편입하는 방향으로 나뉘었습니다. 저 역시 하와이 주립대학교에 편입학 허가를 받아놓은 상태였습니다.

그러던 중, 여느 때처럼 이메일을 확인하는데 순간 심장을 두근거리게 하는 제목이 눈에 들어왔습니다. 긴장된 마음으로 메일을 열자, 뜻밖의 문구가 펼쳐졌습니다.

> "축하합니다.
> 펜실베이니아 주립대학교 편입학 합격을 알립니다."

사실 이 학교는 발레를 전공하던 시절부터 가고 싶었던 곳이었습니다. 조심스레 마음속에 품고 지원했던 학교였기에 기다리는 동안 간절함도 남달랐고, 합격 소식을 들었을 때의 기쁨은 더욱 컸습니다.

제가 졸업한 칼리지와 같은 주(state)에 있는 하와이 주립대학교에서는 비교적 빠르게 결과를 받을 수 있었지만, 펜실베이니아 주립대학교의 합격 발표는 그보다 다소 늦게 전달되었습니다. 비록 처음 꿈꾸었던 발레 전공은 아니었지만, 인문학이라는 새로운 길로 목표하던 학교에 편입하게 되었고, 그렇게 인생의 또 다른 무대를 향한 문이 열렸습니다. 저는 남다른 각오와 새로운 도전을 향한 설렘을 안고 펜실베이니아로 향했습니다.

이후, 펜실베이니아 주립대를 조기 졸업하며 정든 미국 생활을 마무리했습니다. 예체능 외길을 걸어온 전(前) 발레 전공생, 그것도 영어 늦깎이였던 제가 미국 4년제 주립대를 우수한 성적으로 조기졸업까지 할 수 있었던 것은, 호주와 하와이에서의 학업이 든든한 밑거름이 되어 주었기 때문이라고 생각합니다. 하지만 진짜 원동력은 다름 아닌 '영어를 잘하고 싶다'라는 간절한 열정이었습니다. 그 마음이야말로 제가 '부상'이라는 긴 시련을 딛고, 다시 일어설 수 있게 해준 가장 큰 힘이었습니다.

    귀국 후, 국내 한 국제학교에서 영어 교사로 재직하며, 동시에 TESOL 석사 과정을 이수해 전문성을 키웠습니다. 매일 학생들과 함께하며 영어 교육 현장에서 실무 경험을 쌓고, 교육자로서의 커리어를 넓혀나갔습니다.

    그러다 대학원 졸업을 앞둔 무렵, 영어를 기반으로 국제 무대에서 또 한 번 의미 있는 도전을 이어갈 기회가 찾아왔습니다. 카타르에 본사를 둔 중동 항공사의 객실 승무원으로 선발되어 승무원 생활을 하게 된 것입니다. 다국적 동료들과 협업하며 글로벌 환경에서 영어로 소통하는 경험을 할 수 있었습니다. 영어를 가지고 세상과 다시 연결된, 소중한 성장의 시간이었죠.

    영어와는 거리가 멀었던 발레 전공생이 호주와 미국 대학교를 거쳐, TESOL 석사 학위를 취득하고, 국제학교 교사, 외항사 승무원까지. 여러 분야에 도전하며 끊임없이 커리어를 확장할 수 있었던 원동력은 바로 영어였습니다.

'어떻게 하면 사람들이 영어를 꾸준히,
그리고 즐겁게 배울 수 있을까?'

영어가 마치 영원한 숙제처럼 느껴지던 과거의 저를 떠올리며 스스로에게 질문을 던졌습니다. 고민의 결과로 전공을 살려 영어 발레, 영어 뮤지컬, 영어 그림책 수업 등 다양한 접근을 통해 학습자에게 영어의 재미를 일깨워 주는 커리큘럼을 직접 기획하게 되었습니다. 영어와 예술을 융합하여 또 한 번 커리어를 확장한 셈입니다.

여러분도 영어를 그 자체가 목적이 아닌, 삶의 가능성을 넓혀 줄 과정의 발판으로 생각해 보세요. 부상이라는 좌절 속의 발레 전공생이 다시금 도약할 수 있었던 비결은 영어를 성장의 키(key)로 활용하고자 하는 마인드였습니다. 여기에 꾸준한 연습과 실전에 곧바로 적용하려는 행동력을 더해 보세요. 언젠가 자유롭게 날개를 달고 비상할 수 있을 겁니다. 그게 꼭 영어가 아니더라도 말이죠.

차례

프롤로그   04

PART1  영어를
         배우기 위한
         마음가짐

당신이 영어를 배워야 하는 이유   19

영어 정체성 형성하기   23

탄탄한 모국어는 영어의 시작   27

영어 장벽, "나"로 발판 삼자!   33

생활에서 영어를 가까이하자   35
    궁금한 건 바로 찾아보기 | 영어로 혼잣말하기
    전자기기를 영어로 설정하기 | 소셜 미디어 댓글 읽기

감정이 영어 공부에 미치는 영향   40

영어를 "습관"으로 만드는 법   43
    적은 시간부터 할애하기 | 복습 시간 확보하기 |
    해야 하는 공부가 아닌, 하고 싶은 공부!

PART 2
커리어가 되는 영어 학습법

리스닝과 독해 편

몰라도 안 들리고, 알아도 안 들리는 이유   53

   단어의 스펠링만 아는 경우 | 모국어의 개입 | 관용구와 비유적 표현
   원어민의 대화 속도 | 지역별 사투리 및 어휘 차이

영어 자막을 활용한 듣기/읽기 훈련법   61

   올바른 자막 읽기 | 원어민 발음 체크 | 프로그램 기능 활용하기
   어휘, 표현 수집

영어 원서 읽기의 장점과 활용법   70

   레벨에 맞는 책 고르는 법 | 모르는 단어는 어떻게?
   내면의 목소리 지양하기 | 원서 독후 활동 | 해석은 앞에서부터!

문법과 어휘 편

효과적인 영단어 학습, 어떻게? 79

이미지 검색으로 단어 공부를? 82

적재적소 나만의 어휘 리스트 만들기 85

환상의 짝꿍을 찾아라! "연어" 활용하기 88

다채로운 어휘, 즐겁게 탐험하고 능숙하게 활용하는 법 91
독서를 통한 어휘 체계 확장 | 다양한 어휘 게임 | 영어 노래 가사 활용

문법에 질린 한국인들, 문법 공부 어떻게 해야 할까? 96
문장 형식에 매이지 않기 | 자주 틀리는 문법 파악하기 | 문법 숙지 후, 꼭 해야 하는 일

라이팅 편

일상에서 시작하는 라이팅 105
필사 | 영어 일기 | 영어 자기소개서 작성 | 영어 블로그

글의 첫인상, 매력적인 "Hook" 작성법 112
시대, 숫자, 격언 활용 | 흥미로운 질문과 강렬한 첫 문장 | 비유/은유

주제는 간결하고 명확하게! 효과적인 "Thesis" 작성법 117

완성도 높은 세련된 라이팅 비법 122
다양한 동사 활용 | 영어는 구체적인 것을 좋아한다! | 기승전결 구조 활용

스피킹 편

왜 학교 영어는 스피킹 실력을 키워주지 못할까?	131
진짜 영어는 맥락 속에서 탄생한다	135
문장에 맞장구를 쳐라!	140
기호를 알면 발음이 보인다	143
스피킹 자신감은 짧은 발화부터 시작한다	147
네이티브 발음, 결코 될 수 없는 것일까?	150
완벽주의자는 절대 입을 떼지 않는다?	153
드라마 속 주인공이 되어 보자!	156

나만의 "장면 분석 노트" 만들기 | 배우의 숨소리까지 따라하기 | 더빙하기

PART 1

영어를
배우기 위한
마음가짐

당신이 영어를
배워야 하는 이유

　AI가 번역도 해주는데 이제 영어는 배우지 않아도 된다, 어학 관련 직업 대부분이 소멸할지도 모른다, 이러한 추측과 이야기를 심심찮게 들어 보셨을 거라 생각됩니다. 처음엔 간단한 인사조차 어색하던 번역도 이제 실시간으로 두 개의 언어를 통역해주는 수준이 되었습니다. 그리고 여태 영어가 중요하다고 배운 것에 비해, 막상 문밖으로 나가면 영어를 활용할 기회가 많지 않습니다. 왜 영어를 공부해야 하는지 필요성을 느끼기도 어렵고, 영어 공부를 계속하기도 어렵습니다. 하지만 그렇기에 저는 더욱 "영어 동기 부여"의 중요성을 강조하고 싶습니다.

대략 여섯 살쯤의 일이지만 지금까지 강렬하게 남아 있는 기억이 있습니다. TV에서 입이 떡 벌어질 만큼 멋진 외국의 한 도시가 등장했는데요, 어린 나이였지만 이국적이면서도 웅장한 풍경에 깊은 인상을 받았습니다. 이날부터 해외라는 개념에 눈을 뜨게 되었고, 언젠가 꼭 가보고 싶다는 열망이 난생처음 자리하게 되었습니다. 단숨에 눈길을 사로잡았던 그 도시는 바로 이탈리아의 밀라노입니다.

아니 영어 이야기에 웬 이탈리아? 라고 하실 수도 있겠지만, 밀라노에 받은 자극이 영어로 옮겨가기까지는 그리 오랜 시간이 걸리지 않았습니다. 일단 한번 관심을 두게 되자, 당연한 순서처럼 외국을 소재로 한 책을 마구 읽었거든요. 그리고 한국에서 한국인들이 한국어를 쓰는 것처럼 이탈리아 밀라노에선 이탈리아어로 소통한다는 걸 알았습니다. 하지만 처음에 이걸 알았을 때는 좌절했답니다.

'외국인과 대화하려면 여러 나라말을 다 배워야 하는 건가? 그러면 이 세상에 도대체 얼마나 많은 나라가 있는 거지?'

외국에 나가 그 나라 사람들과 이야기하고 싶은데 나라마다 말이 다르다니! 혼자 한참이나 심각하게 고민했습니다. 그렇다고 이대로 포기할 순 없었습니다. 그러다 답을 찾았는데, 그것은 바로 영어가 세계 공용어로서 이 하나만 알아도 대부분 소통이 가능하다는 사실이었습니다.

'그래, 그럼 나도 영어를 우선 잘해야겠다!'

그렇지만 좀처럼 영어를 배울 기회는 없었습니다. 그땐 스마트폰이 없던 시절이었고, 초등학교 3학년은 돼야 겨우 알파벳을 구경할 수 있었습니다. 저는 대신 매일 거울 앞에 서서 알 수 없는 내 맘대로 언어를 샬라샬라 내뱉으며 영어로 유창하게 이야기하는 제 모습을 상상했습니다. "유창한 영어로 외국 친구와 소통하기"라는, 저의 장기적이면서도 근본적인 동기가 이때 형성되었던 것 같습니다. 아주 나중에 주변 어른들께 들은 이야기지만, '뭘 그렇게 혼자 거울 앞에 서서 재잘재잘하는지, 커서 기자나 아나운서라도 되려나' 생각하실 정도였다고 합니다. 그리고 그 열기는 제가 성장하면서도 식지 않았죠.

영어는 단기간에 성과를 내기 어려운 분야입니다. 그래서 지속적인 공부와 노력이 필요하고, 이를 위해선 강력한 동기가 필요합니다. 그 동기를 통해 어려운 시기를 이겨내고, 영어 공부를 계속할 수 있습니다. 그것이 "해외 대학에 다니고 싶다.", "해외에서 일하고 싶다.", "외국 친구와 자유롭게 대화하고 싶다", 또는 저처럼 "밀라노의 거리에서 이탈리아어와 영어를 섞어가며 즐겁게 대화하고 싶다"라도 상관없습니다. 중요한 건 그 목표가 자신을 직접 행동으로 나서게 할 정도로 강력한 동기가 될 수 있느냐 하는 것입니다.

영어를 배우려고 결심하셨다면, 먼저 자신만의 명확한 학습 목표를 세우시고, 목표를 향한 강력한 동기를 찾아보세요. 그 동기를 통해 영어 공부를 즐기시고, 그 과정에서 자신의 성장과 발전을 경험하시길 바랍니다.

영어 정체성 형성하기

"나도 영어를 유창하게 말하고 싶다!"
"내 의견 정도는 막힘없이 표현하고 싶다!"

누구나 이런 생각을 한번은 해봤을 것입니다.
 하지만 이제부터는 막연한 하고 싶다 대신 이렇게 되뇌어 보세요.

"나는 영어 하는 사람이다!"
"난 영어 구사자이다!"

아니, 나는 아직 영어로 자기소개도 못 하는데? 영어

로 말만 하려고 하면 머릿속이 새하얘지지, 혀는 굳어 버리지, 그런데도 내가 영어 하는 사람이라고? 이렇게 생각하실 수도 있겠습니다. 하지만 생각의 힘은 '생각보다' 강력합니다. 나 자신을 어떻게 정의하는지에 따라 우리의 습관, 생활 방식이 정해지기도 합니다.

저는 몇 년 전부터 어학 블로그를 꾸준히 운영하고 있습니다. 처음엔 블로그 선배들의 조언에 따라 하루에 게시물 한 개 이상은 올리려고 애썼습니다. 하지만 시간이 갈수록 매일 블로그에 글을 게시하려는 게 숙제처럼 느껴지기도 했고, 부담스럽기도 했습니다. 그러다 문득, 이렇게 해서는 길게 갈 수 없겠다 싶어 생각 자체를 바꾸기로 했습니다.

"나는 글을 쓰는 사람이야."

스스로 이러한 정체성을 부여했고, 이 생각의 변화는 큰 변화를 몰고 왔습니다. 블로그에 글 쓰는 일이 즐겁고 당연하게 느껴지기 시작했습니다. 이전엔 하루라도 건너뛰게 되면 임무 수행을 실패한 사람처럼 마음이 불편했지만, 정체성이 공고해진 뒤부터는 상황을 더 여유롭게 받아들였습니다. 어차피 저는 앞으로도 계속 쭉 글을 쓸 테니까요! 예상대로 큰 권태기 없이 계속해서 여러 어학 관련 글을 발행하고 있습니다.

이러한 마인드의 차이는 한국어와 영어에서도 살펴볼 수 있습니다. 영어 문법 중 "be 동사+good at something"이 있습니다. "무엇에 능하다, 잘한다"라는 기초 문법입니다. 그래서인지 우리 학생들은 "저는 노래를 잘해요. (I'm good at singing)", "전 춤을 잘 춰요. (I'm good at dancing)" 이런 식으로 많이 이야기하고는 합니다. 물론 틀린 표현은 아니고, 문법직으로 완벽한 문장입니다. 그러나 무언가를 잘한다는 말을 하고 싶을 때 활용할 수 있는 또 다른 좋은 표현이 있습니다.

> "저는 가수입니다.
> (I'm good at singing. → I'm a good singer.)"
> "저는 댄서입니다.
> (I'm good at dancing. → I'm a good dancer.)"

영어에서는 꼭 내가 그 분야의 전문가가 아니더라도 무언가를 잘한다고 할 때 행위자나 직업에 붙는 접미사인 "-er" 어휘를 활용해서 "a good singer," "a good dancer"로도 말할 수 있습니다. 이 표현을 학생들에게 알려주면 때로 의아하다는 반응이 돌아옵니다.

"선생님, 저는 가수가 아닌데요?"
"꼭 가수여야만 그런 표현을 쓸 수 있는 건 아니란다. 노래를 잘하는 사람이라면 모두 'a good singer'라는 표현을 쓸 수 있어."
"에이, 그래도 저는 가수가 아닌걸요. 그냥 'good at singing' 쓸래요."

학생들이 어느 부분에서 어색함을 느끼는지 이해는 하지만, 그래도 자신 있게 "Yes! I am a good singer."를 외칠 수 있다면 좋겠습니다. 여러분도 자신에게 "영어 하는 사람"이라는 정체성을 심어보세요.

"I can speak English."

영어를 할 수 있는 사람? 정말 멋지죠. 하지만 이제부터 이렇게 생각해 보세요!

"I speak English."
"I am an English speaker."

탄탄한 모국어는
영어의 시작

우리가 모국어인 한국어에서 배운 문법 구조, 어휘, 발음법 및 문장 구조 등은 영어를 배울 때 긍정적인 영향을 미칩니다. 한국어와 영어가 얼마나 비슷하냐, 다르냐의 이야기가 아닙니다. 모국어 습득 과정에서 개발된 인지 능력, 이를테면 언어 구조 인식, 언어 구사 능력, 맥락을 파악하는 사고력 등이 모여서 새로운 언어를 배우는 과정에서 중요한 기반이 됩니다. 곧, 우리말이 탄탄하게 뒷받침되어야 다른 언어도 잘할 수 있다는 뜻입니다.

제가 미국에서 대학교를 졸업하여 막 귀국했을 무렵, 한 국제학교로부터 교사직을 제안받았습니다. 초, 중, 고 통합형의 국제학교였고, 초등부 담임을 맡게 되었습니다. 초등 담당 교사는 대개 자신의 전공과목뿐만 아니라 대부분의 다른 과목도 같이 영어로 아이들을 지도하는데, 이날은 과학 수업이 있는 날이었습니다. 광합성을 처음 배우는 시간이었기 때문에, 수업 전에 칠판에 광합성을 뜻하는 영어 단어 "photosynthesis"와 한국어 단어 "광합성"을 크게 적어 놓았습니다. 이내 수업이 시작되었고, 아이들은 차근차근 광합성의 원리를 배워나갔습니다. 이윽고 다음 학습 활동으로 넘어가려는데, 한 아이가 손을 들고 질문하는 것이 아니겠어요?

"Teacher, What is '광합성'?"*

수업 초반이 거의 지났는데 광합성이 무엇이냐는 질문을 받고 일순 멍해짐을 느꼈습니다.

---

* 영어에서는 선생님의 성별에 맞게 호칭을 정하고 (Mr./Mrs./Ms) 호칭 뒤에 이름을 넣어 부르는 게 올바른 방식입니다. 하지만 한국에서는 "선생님"이라고 부르는 것을 저학년 아이들이 대개 그대로 한국어로 옮겨 "Teacher"라고 부르는 경우가 많아 그대로 옮겼습니다.

'이제까지의 수업 내용 자체를 이해하지 못한 건가? 아니면 내 설명이 부족했나?'

저는 곧 침착함을 되찾고 아이가 어디까지 이해했는지 확인하기 위해 몇 가지 질문을 건넸습니다. 곧잘 대답이 돌아왔습니다. 아이는 광합성이라는 개념을 잘 이해하고 있었고, 수업 시간에 배운 내용도 또렷이 기억하고 있었습니다. 그럼 왜 저런 질문을 했던 것일까요? 알고 보니 원리를 이해한 것이랑은 별개로 "광합성"이라는 한국어 단어 자체를 처음 보았기 때문이었습니다. 영어로 수업하는 국제학교였지만, 우리가 있는 곳은 한국이었고, 저 아이는 한국인이었습니다. 짧은 순간, 제 안에서는 여러 생각이 스쳐 지나갔습니다.

학습의 중요한 열쇠는 학생의 배경지식 수준입니다. 이 배경지식은 학년이 높아질수록 학생들의 학습 수준을 나누는 지표가 되는데, 영유아기를 벗어나 아이가 성장할수록 비단 영어만의 문제가 아니게 되는 것입니다. 성인이 되어서도 마찬가지입니다. 지금은 과학 수업의 한 단어만 헷갈렸지만, 나중에 가면 더 큰 혼란을 불러올 수 있겠죠. 그리고 이런 배경지식을 쌓을 수 있는 원동력은 바로 모국어에서 시작된다고 해도 과언이 아닙니다.

　이 모국어 지식은 외국어를 배우는 데만 쓰이는 것은 아닙니다. 앞에서 잠깐 AI 이야기를 했었는데요, 갈수록 발전하는 AI로 인해서 인력이 대체되고 있습니다. '저는 문제 해결 능력이 뛰어납니다.' 같은 말도 더 이상 쓰기 힘들지도 모릅니다. 사람이 수많은 지식의 집약체인 AI보다 뛰어난 해결책을 얼마나 제시할 수 있을까요? 하지만 이렇게 AI의 사용이 점점 당연시되는 순간에 각광받는 소양 중 하나가 글쓰기입니다. 모국어 얘기하다가, AI 얘기하다가, 이젠 또 아날로그냐?!고 하시겠지만, 오히려 디지털 기술의 발전으로 아이러니하게도 이런 글쓰기 기술이 강조되고 있습니다. 클라우드 저장소와 같은 기술이 확장되면서 회사의 업무 보고, 관련 자료, 일의 진행과 처리 과정을 공개적으로 공유하게 되었습니다. 그러다 보니 업무와 일 처리 과정을 모두가 이해할 수 있는 글쓰기 능력이 필요해진 것입니다. 회사와 업무에 대한 이해가 필요하고, 보안 문제가 있기에 AI에게는 이런 일을 맡길 수 없습니다. 작은 도움 외에는 스스로 방법을 찾아내야 합니다. 무엇보다 아무리 지식이 뛰어나다고 해도 휘발성이 있는 말로 풀어내는 것과 정제된 글로 써 내려간 것은 다르기 때문입니다.

또, 미국 대학 입시에서 에세이는 여전히 아주 중요한 입학 기준입니다. 대학 진학을 앞둔 학생들은 미국의 수능 격인 SAT 시험 점수와 고등학교 학점만큼이나 이 에세이에 많은 정성을 들입니다. 글을 통해 지원자인 자신이 어떤 사람인지 표현하고, 학교에 입학하여 어떤 학문에 정진할 것인지에 대한 계획 등을 이 자기소개 에세이에 녹여내야 합니다. 에세이가 입학의 당락을 결정하는 기준이 되기도 해서 학생들은 에세이 주제를 잡는 것부터 골머리를 앓습니다.

글쓰기를 잘하기 위해서는 모국어 실력이 기본이 됩니다. AI를 활용하든, 보고서를 작성하든, 에세이를 쓰든 결국 모든 글쓰기는 모국어 능력에서 비롯됩니다. AI가 발전하여 손쉽게 글을 완성할 수 있고, 글을 잘 쓰는 사람이 많다고 해서 포기할 필요는 없습니다. 우리는 자신이 가진 전문성을 바탕으로 새로운 시각을 키우고, 다른 분야에 대한 배움을 게을리하지 않아야 합니다. 언어가 타고난 재능의 영역이라는 주장도 있지만, 일정 부분 타당성이 있다고 해도 연습과 경험이 쌓이면 누구나 글쓰기 능력을 향상할 수 있습니다. 아기가 옹알이를 지나 말을 익히듯, 글쓰기 역시 꾸준한 시간 투자와 훈련을 통해 늘어갑니다. 그리고 그건 여러분의 멋진 커리어가 되겠죠. 영어를 잘하기 위해서 모국어의 실력은 분명 그보다 앞서 있어야 한다는 것을 꼭 명심하시길 바랍니다.

영어 장벽,
"나"로 발판 삼자!

모처럼 굳은 결심을 하고 영어 공부를 하려는데 무엇부터 해야 할지 막막할 수 있습니다. 그럴 때는 "나"를 주제로 삼아보세요.

여러분에겐 어떤 재능이 있나요? 세상을 바꿀 만한 엄청난 재능이 아니라 해도 우리는 모두 자신만의 특기와 재능을 가지고 있습니다. 노래를 잘 부른다든가, 도면만 있으면 간단한 조립 가구 정도는 뚝딱 만들어 낸다든가, 혹은 어떤 운동도 한두 번의 시도만으로 금세 배우는 것처럼 말입니다. 이처럼 다양한 유형의 지능을 말한 것이 미국 하버드 교육 대학원의 하워드 가드너(Howard Gardner) 교수가 제시한 "다중지능이론(Theory of Multiple

Intelligences)"입니다. 이 이론에 따르면, 다중지능에는 언어 지능, 논리수학 지능, 음악 지능, 공간 지능, 신체운동 지능, 인간 친화 지능, 자기성찰 지능, 자연 친화 지능까지 총 8가지 종류의 지능이 있다고 합니다. 어떤 지능이 있고, 얼마만큼 발달하였는지는 개인마다 차이가 있습니다. 우선 여러분의 관심사, 전공, 업무 분야부터 영어 공부를 시작해 보세요. 사람은 내가 좋아하는 일을 했을 때 일의 능률도 올라갑니다. 또 나와 관련이 있는 전공, 업무 분야에서 필요한 어휘나 표현을 배우다 보면 당장 활용할 기회가 훨씬 많으므로, 무작정 여러 단어를 암기했을 때보다 장기적으로 기억에 남습니다.

그리고 내가 영어에서 어떤 부분이 부족한지, 어떤 부분을 향상하고 싶은지 고심해 봐야 합니다. 유창한 영어로 내 생각을 표현하고 외국인과 막힘없이 자연스럽게 영어로 의사소통하는 것이 목표라면, 왜 지금은 그것이 어려운지 점검해 보세요. 영어로 말하려고만 하면 단어 몇 개만 맴돌고 있진 않은가요? 희미하게 기억하는 문법으로 문장 만들기에만 급급하진 않은가요? 이런 어려움을 겪고 있다면 당연히 어휘력과 문법 실력을 쌓는 것이 우선이라 봅니다.

생활에서
영어를 가까이하자

● 궁금한 건 바로 찾아보기

"이건 영어로 뭐라고 하지?"

영어를 포함한 다양한 외국어를 공부하면서 늘 습관처럼 하는 질문입니다. 어려운 단어가 아닌데 좀처럼 생각나지 않아 답답한 때가 있습니다. 궁금해지는 단어나 표현이 떠오르면 바로바로 찾아 메모하는 습관을 들여보세요. 궁금한 단어나 문장을 빨리 찾아보면 그 정보가 곧바로 뇌리에 기록됩니다. 오래 기억될 뿐 아니라, 공부가 좀 더 즐겁겠죠. 그리고 이런 궁금증이나 문제점이 해결되지 않으면 공부의 걸림돌이 될 수도 있습니다. 궁금증을 바로 해결함으로써 새로운 지식을 얻게 되는 건 물론이고, 영어에 대한 자신감과 공부 동기도 유지할 수 있습니다.

이렇게 생각하다 보면 여기저기에서 공부할 거리가 넘쳐납니다. 매일 일상에서 마주하는 것부터 영어로 찾아보세요. 궁금증을 타파해 나가며 영어 공부에 불을 붙여봅시다.

- **영어로 혼잣말하기**

해외에서 홀로 지내는 시간이 길어지다 보면 으레 혼잣말도 많이 하게 됩니다. 오랜 유학 생활을 하며 저 역시 이런저런 혼잣말을 할 때가 많았습니다. 어느 날, 문득 이런 생각이 들었습니다.

'혼잣말도 영어로 하면 어떨까?'

현지 친구들과 함께 시간을 보내고 영어로 대화하는 것만큼 영어가 빨리 느는 방법도 없지만, 늘 친구들과 함께할 수는 없기에 혼자 있는 시간에도 최대한 영어로 말하는 시간을 확장하고 싶었습니다. 무엇보다 이

순간만큼은 타인의 시선을 신경 쓰지 않고 편하게 연습할 수 있습니다. 혼자 연습하니 틀리거나 실수해도 전혀 문제가 되지 않습니다. 오히려 부담을 덜고 영어를 더 즐겁게 익힐 수 있습니다. 그렇게 혼잣말을 계속하다 보면 자연스레 모르는 단어나 표현이 나오게 되고, 곧바로 찾아보게 됩니다. 이런 과정을 반복하면 새로운 표현이 장기 기억으로 남을 가능성이 더욱 높아집니다.

이 방법은 "섀도잉"이라는 학습 방법과도 유사한 면이 있습니다. 섀도잉은 어떠한 녹음 파일의 음성을 시작과 동시에 따라 하여, 끝도 동시에 맺는 스피킹 훈련법입니다. 비록 섀도잉처럼 녹음 파일을 활용하지는 않지만, 혼잣말을 통해 스스로 말한 내용을 듣고 발음, 억양, 강세 등을 직접 확인하며 자기 피드백의 시간을 가질 수 있습니다.

나아가 혼잣말을 넘어 영어로 생각하는 연습을 하는 것도 중요합니다. 언어는 생각의 도구이기 때문에, 영어로 생각하게 되면 자연스럽게 영어 표현력이 향상됩니다. 영어로 생각하는 연습을 통해 영어와 한국어 사이에서 번역하는 과정을 줄여나갈 수 있습니다. 나중엔 꿈도 영어로 꾸게 될지 모릅니다. 실제로 한참 혼잣말과 머릿속 상념을 영어로 했더니 영어로 꿈꾸는 일이

빈번해지더군요. 꿈을 영어로 꾸게 된다면 '아, 내 영어가 늘고 있구나!'라고 생각하시면 됩니다.

- **전자기기를 영어로 설정하기**

영어 실력을 늘리고 싶을 때 가장 중요한 것은 인풋(Input)의 절대적인 양을 늘리는 것입니다. 여러분의 스마트폰, 노트북 등의 전자기기를 영어로 설정해 보세요. 우리 생활에서 전자기기는 이미 없어서는 안 될 필수품으로, 하루 중 스마트폰 사용 시간만 해도 꽤 깁니다. 이렇게 매일 보는 전자기기의 언어 설정을 영어로 하면 큰 노력과 스트레스 없이 자연스러운 영어 습득이 이루어집니다. 초반에는 낯설게 느껴질 수도 있지만, 곧 적응해 가는 자신을 발견하실 겁니다.

이 방법은 뇌가 영어를 '학습' 대상이 아니라 실제로 '사용'하는 언어로 인식하게 도와주며, 어휘력 향상에도 효과적입니다. 그리고 이렇게 익힌 단어들은 어느 날, 영어 회화 중 무의식적으로 툭 튀어나올지도 모릅니다. 오늘부터 주변 기기의 언어 설정을 영어로 바꿔 보세요!

• 소셜 미디어 댓글 읽기

많은 사람이 각종 소셜 미디어 플랫폼에서 콘텐츠를 소비합니다. 아이돌, 쇼핑, 드라마, 영화, 스포츠, 취미, 역사… 무엇이든 상관없습니다. 여러분이 좋아하는 주제라면 뭐든 좋습니다. 영상이나 짧은 쇼츠 형식의 콘텐츠를 보다 보면 전 세계에서 댓글을 남깁니다. 저는 그때 그냥 지나치지 않고, 꼭 댓글 몇 개는 읽어봅니다. 언어는 살아 있는 생명체와도 같아서, 시대나 유행에 크게 영향을 받고 계속해서 변화합니다. 쉽게 말해 밈(meme)이나 유행어, 슬랭(slang) 등 다양한 최신 표현이 다 모여 있다는 뜻입니다. 영어로 된 댓글이 있다고 아 머리 아파. 웬 영어 댓글? 하며 넘기지 말고, 관심사를 공유하는 다른 문화권의 사람들은 어떤 의견인지, 또 어떻게 영어로 표현하고 있는지 짚어보세요!

감정이 영어 공부에
미치는 영향

　우리나라에서 영어는 수능 주요 과목 중 하나이고, 유창하게 구사하면 주변에서 동경 어린 시선을 받기도 하는, 평생의 숙제와도 같은 언어로 인식됩니다. 모두가 영어를 잘해야만 하는 것이 아님에도 영어에 대한 엄청난 무게의 짐을 안고 학창 시절을 보낸 사람이 많습니다. 그러다 보니 영어는 날 참 많이 괴롭혔던 과목, 잘하고 싶었지만 좌절감을 안겨준 과목 등 긍정적인 이미지보다는 부정적인 느낌으로 남아있는 경우가 종종 있습니다. 이렇게 감정 상태는 생각보다 공부에 큰 영향을 미칩니다.

한번은 프랑스어를 배울 기회가 있었습니다. 워낙에 외국어에 관심이 많았고 좋아했기 때문에, 개강 전부터 시간표를 몇 번이고 확인하며 열심히 하리라 다짐했습니다. 하지만 새 학기가 시작되고 얼마 지나지 않아, 해당 과목을 들을 날만 손꼽아 기다리던 저의 기대는 한순간에 사그라들어 버렸습니다. 저를 포함하여 한마음 한뜻으로 이 수업을 좋아하는 학생은 아무도 없었습니다. 이유가 무엇이었을까요? 원래도 엄격한 편이었던 신생님은 학생들의 프랑스어 실력에 비판을 아끼지 않으셨습니다.

영어 이외의 제2외국어를, 그것도 상대적으로 더 생소한 프랑스어를 이제 막 처음 배우는 학생들이 갑자기 유창하게 구사할 수는 없는 노릇이었습니다. 선생님이 보기엔 당연히 발음도 어색하고 문법에도 오류가 많아 지적한 것이겠지만, 모든 사람 앞에서 적나라하게 지적당하니 점점 자신감이 떨어질 수밖에 없었습니다. 고압적이면서도 딱딱한 수업 분위기에 학기가 갈수록 선뜻 발표하거나, 나서서 문장을 읽으려는 학생은 아무도 없게 되었습니다. 자칫 답을 틀리기라도 하면 사람들 앞에서 창피를 당할지도 모른다는 불안감이 공부 의욕과 효과를 저하한 것입니다.

여러분도 살아오면서 비슷한 경험을 겪으신 적 있으신가요? 그때 나의 기분은 어땠나요? 교실에 들어가기 전, 긴장감에 두근거리고 수업에 가기 싫은 마음이 들었던 적은 없었나요? 그리고 그런 마음으로 수업에 들어갔을 때 공부가 잘됐나요? 전혀 그렇지 않았을 거예요. 이걸 "정의적 여과(Affective Filter)"라고 합니다. 높은 스트레스와 불안감, 낮은 자신감 등 부정적인 심리 상태일 때, 같은 것을 배우더라도 그렇지 않을 때보다 현저히 학습 습득력이 낮아진다는 저명한 언어학자 크라센(Stephen Krashen) 박사의 가설입니다.

영어를 공부하는 자신을 되돌아보는 동시에 응원을 해주면 어떨까요? 우리는 때때로 작은 실수조차 용납되지 않는 모습을 목격하곤 합니다. 그러다 보니 실수를 두려워한 나머지 아예 시도조차 하지 않는 경우도 생깁니다. 자신감이 없거나, 실패한 경험이 있거나, 완벽해 보여야 한다는 강박관념 때문일 수도 있습니다. 하지만 누구나 완벽한 사람은 없습니다. 저는 제가 가르치는 학생들에게 그랬던 것처럼 여러분을 응원합니다. 그리고 우리 모두가 그런 사람을 보았을 때 같이 응원하는 마음이 넓고 따뜻한 사람이길 바랍니다.

영어를 "습관"으로 만드는 법

공부의 첫 단추는 바로 "공부 습관화"입니다. 습관의 힘은 이미 잘 알려져 있습니다. 한번 들인 습관은 일단 몸에 익으면 자연스럽게 실행되는 강력한 힘을 발휘합니다. 영어 학습도 마찬가지죠. 우선 매일 영어 공부를 위한 시간을 일과에 꼭 포함하는 것이 중요합니다.

● 적은 시간부터 할애하기

당장 시간을 내는 것이 부담스러울 수도 있습니다. 각 잡고 영어를 공부하려는 그 마음이 영어에 거리감을 느끼게 할 수도 있고요. 긴 시간 집중하기 어렵다면, 짧은 단위의 시간을 활용할 수 있는 "뽀모도로 학습법"을 활용해 보세요. 뽀모도로 시간 관리법은 기본적으로 25분 공부 후, 5분 휴식을 주기적으로 반복하는 형태입니다. 공부와 휴식 시간을 정해두어 공부 중 집중력을 최대로 높이고, 휴식 시간에는 잠시 휴식을 취하며 다음 공부를 위해 에너지를 충전하는 원리입니다. 이런 방식으로 공부하면 짧은 시간 동안 집중력을 높일 수 있고, 습관 형성에 도움이 됩니다.

주의해야 할 점은, 짧은 시간 동안 고도로 집중하는 시간인 만큼, 공부 외에는 다른 것을 하지 말아야 합니다. 또, 휴식 시간 동안은 진정한 휴식을 취해주세요. 대개 휴식 중에 스마트폰을 하는데, 이 순간에도 뇌는 들어오는 정보를 인식하고 처리하는 작업을 하느라 제대로 쉬지 못합니다. 효율적인 다음 공부를 위해 휴식 시간엔 짧게 명상하거나, 눈을 감고 심호흡하며 머릿속을 정돈하는 것이 좋습니다.

혹은 이동 시간을 활용해 보세요. 저의 경우, 영어뿐만 아니라 다른 외국어도 꾸준히 공부하고 있는데, 여러 업무와 수업 일정 속에서 시간을 따로 확보하기가 쉽지 않습니다. 그래서 고안한 방법이 바로 대중교통 이동 시간을 적극적으로 활용하는 것이었습니다. 지하철이나 버스를 타고 이동하는 시간이 꽤 길어, 그 시간을 그냥 흘려보내지 않기로 하고 관련 영상을 틀어 꾸준히 학습하는 중입니다.

아무리 바빠도 활용할 수 있는 시간은 존재합니다. 시간은 남는 것이 아니라 내는 것입니다.

- **복습 시간 확보하기**

언어는 반복입니다. 여기서 반복이란 그저 단어를 기계처럼 되뇌는 일이 아니라, 매일 꾸준히 공부하는 습관을 이야기합니다. 새로운 영어 지식을 배우는 것만큼이나 중요한 것이 바로 복습입니다. 배운 내용을 잘 이해하고 기억하기 위해선 꼭 학습 계획에 충분한 복습 시간을 할당해 주세요. 전반적인 언어 이해도를 높일 수 있고, 새로운 내용을 더욱 잘 이해하고 받아들일 수 있습니다.

시험을 준비하는 경우 복습 과정에서 특히 중요한 것은 바로 "오답 복습"입니다. 오답 복습에서는 단순히 틀린 부분의 답만 확인하는 것이 아니라, 그 문제에서 제시된 사지선다를 전부 살펴보면 좋습니다. 특히 사지선다에 제시된 어휘나 표현은 추후 다른 문제에서 정답으로 등장할 가능성이 높으므로, 지금은 그 항목이 정답이 아니었더라도 숙지해 두는 것이 좋습니다. 오답 문제뿐 아니라 지난 시간에 공부한 내용 전체를 복습하면 더욱더 효과적입니다. 언어 학습은 연결되어 있기에, 한 부분을 이해하고 배우기 위해서는 그와 관련된 다른 부분들을 함께 복습하는 것이 바람직합니다.

- **해야 하는 공부가 아닌, 하고 싶은 공부!**

"Face the music."이라는 속담이 있습니다. 자진해서 위험에 맞선다는 뜻입니다. 효율적인 시간 관리를 위해선 나의 선호도와 상관없이 중요도에 따라 일을 처리하는 것이 좋습니다. 하기 싫은 일, 최대한 피하고 싶지만 아주 중요한 일이 있다면 그것부터 처리하는 것입니다. 그리고 재미있는 일을 맨 마지막에 한다면 일종의 보상처럼 느껴지기 때문에 앞의 어려운 일들을 빨리 끝낼 수 있는 동기가 되기도 합니다. 영어 공부를 할 때도 우선순위를 설정하면 공부 시간을 효율적으로 관리할 수 있습니다.

먼저, 다양한 활동 중 어떤 것이 목표 달성에 가장 효과적인지 평가합니다. 토익 시험에서 높은 점수를 받는 것이 목표라면, 시험에 자주 등장하는 단어를 도출하고 공부하는 것이 시험 점수를 높이는 데 도움이 됩니다. 또, 기출 문제를 최대한 많이 풀며 시험 문제 풀이를 우선순위에 두는 것이 좋습니다. 만약, 현지인과의 원활한 소통 능력 향상, 영어 스피킹 능력을 끌어올리는 것이 목표라면, 해외여행 중에 있을 법한 상황을 회화문으로 공부하고 실질적인 회화 연습이 필요합니다.

두 번째로, 시간을 효과적으로 분배하세요. 가장 중요하다고 판단한 학습 활동에 가장 많은 시간을 할애한다든지, 앞서 결정한 우선순위에 따라 나의 공부 시간을 분배합니다.

세 번째로, 학습 진척도를 주기적으로 검토합니다. 앞서 세운 목표와 계획을 주기적으로 검토하고, 필요하다면 우선순위를 재조정하도록 합니다. 이렇게 하면 자신의 목표에 가장 부합하는 방식으로 공부 시간을 효율적으로 관리할 수 있습니다.

- **1. 주간 자가 진단**

  -매주 정해진 요일에 10분 정도 투자해서 한 주 동안의 학습 내용을 복습한다.

  -새로 익힌 표현들을 실생활에서 얼마나 활용했는지 확인한다.

  -학습 일지를 간단하게라도 작성하여 꾸준히 기록한다.

- **2. 실전 활용도 점검**

  -일상생활에서 자주 쓰는 한국어 표현들을 영어로 바꿔본다.

  -혼잣말로 영어 연습한 횟수를 확인하고 기록한다.

  -영어 콘텐츠 시청/청취 시간을 기록한다.

  예) "콘텐츠 제목": (시청 시간)

  새로 알게 된 표현:

- **3. 단계별 성취도 확인**

  초기 3개월: 기본 인사와 간단한 자기소개 가능한지?

  6개월: 일상적인 주제로 짧은 대화가 가능한지?

  1년: 자신의 생각을 어느 정도 표현할 수 있는지 점검한다.

마지막으로, 제가 말한 대로만 하기보다는 여러분의 상황과 스타일에 따라 조절이 필요합니다. 그리고 계속 똑같은 패턴의 학습만을 고집하다 보면 공부에 대한 흥미를 잃을 수 있으므로 주의해야 합니다. 공부 시간, 휴식 시간 등을 명확하게 정하고, 자신의 생활 패턴과 신체 리듬에 맞춰서 이를 조절하려는 노력을 기울여 보세요. 이런 습관을 만드는 게 처음엔 많은 노력과 시간이 필요하지만, 한번 습관화되면 나중에는 의식하지 않고도 자동으로 실행하게 됩니다. 이는 우리가 긍정적인 습관, 특히 공부에 관한 습관을 몸에 익혀야 하는 이유입니다.

PART 2

커리어가 되는
영어 학습법

리스닝과
독해편

리스닝과 독해편

몰라도 안 들리고,
알아도 안 들리는 이유

지인 중에 거의 영화 평론가 수준으로 평생에 걸쳐 무수한 영화를 본 사람이 있습니다. 하지만 영어로 소통하는 건 어려워합니다. 어쩌면 당연한 일입니다. 애초에 목적이 영어 공부나 리스닝 향상이 아니었으니까요. 단순한 노출만으로는 유의미한 결과를 얻을 수 없음을 방증하는 일례입니다. 특히 모국어가 완전히 자리 잡은 청소년 이상의 사람이라면 마냥 영어 콘텐츠를 듣거나 시청한다고 해서 리스닝의 향상을 기대하기는 어렵습니다.

이 외에도 영어가 안 들리는 이유는 다양합니다. 어

떠한 단어나 표현을 알고 있음에도 '들리지 않아' 이해하는 데에 어려움이 있을 수도 있습니다. 즉, 몰라도 안 들리고 알아도 안 들릴 수 있다는 뜻입니다. 이유가 무엇일까요?

• **단어의 스펠링만 아는 경우**

리스닝 이야기하는데, 왜 난데없이 스펠링 이야기냐고요? 리스닝을 방해하는 요인 중 하나가 바로 단어의 스펠링만 알고 있는 경우이기 때문이죠.

저는 아이들을 가르칠 때 자신이 써 온 작문을 꼭 읽어보게 합니다. 대부분은 문장 만들기에 급급하여, 자신이 고민하여 고른 단어인데도 발음을 알지 못합니다. 눈으로만 단어를 익힌 결과입니다. 뜻도 알고, 문장에 적절히 활용까지 했는데, 소리 내 읽을 줄 모른다니! 이렇게 스펠링만 알고 발음을 모르면, 회화에서 그 단어가 등장했을 때 인식하지 못하고 이해하지 못합니다.

발음이 항상 철자에 따르는 것이 아니므로, 어휘를 학습할 때는 꼭 발음 연습을 병행하는 것이 중요합니다. 직접 찾아서 들어보고 따라 말해 보세요. 이렇게 하면 실제 회화에서도 단어를 쉽게 인식하고 이해할 수 있을 뿐 아니라, 올바른 발음을 연습함으로써 의미를 잘못 이해하거나 전달하는 것을 미연에 방지할 수 있습니다. 철자는 알지만 내가 발음할 수 없는 단어는 결코 내 것이라 할 수 없습니다.

• **모국어의 개입**

제가 막 ESL을 졸업하여 하와이의 한 칼리지에 입학하고 처음 맞이한 학기에 겪은 일입니다. 두근거리는 마음 반 설렘 반으로 한 인문학 교양 수업에 들어갔습니다. 근데, 수업 내용과는 상관없이 "축구팀(soccer team)"이라는 말이 계속해서 반복되는 게 아니겠어요? 철학 과목인데 축구팀이 왜 자꾸 나오는 걸까요? 저는 수업 내내 속으로 끙끙 앓으며 두뇌를 쥐어짰습니다.

순간! 섬광이 스치듯 무언가 떠올랐습니다. 축구팀(soccer team)을 말하는 게 아니라는 건 진작 알고 있었지만, 마땅히 답을 찾지 못했을 때 "너 자신을 알라."라는 말로 유명한 철학자의 이름이 생각났습니다. "소크라테스(Socrates)"의 영어 발음인 "[sάkrətìːz] /사크러티스/"를 제가 못 알아들은 것이었습니다. 한국에서 공부할 때 소크라테스를 영어로 들어 볼 일이 없었던 탓일까요? 아니면 당연히 소크라테스가 영어로도 소크라테스겠지, 생각한 탓일까요? 사실 그렇게 생각해 볼 일조차 없었다는 게 더 정확할 겁니다.

　기존 모국어 지식은 우리가 새로운 언어를 배울 때 중요한 역할을 합니다만, 때로는 '모국어 간섭'이라는 현상으로써 영어 듣기 이해를 방해하기도 합니다. 특히 우리 말에는 외래어가 많아 생각지 못한 부분에서 영어를 제대로 이해하지 못하는 경우가 생기곤 합니다. 영어 학습에 있어서는 이런 언어 간섭을 인지하고 이를 최소화하는 노력이 필요합니다.

- **관용구와 비유적 표현**

　영어 학습에서 어려움을 겪는 주된 이유 중 하나는 관용어구와 비유적 표현의 이해입니다. 예컨대 "I'm down."이라는 표현을 생각해 보세요. 이 표현은 어떤 제안이나 아이디어에 동의하며 "난 찬성!", "난 할래." 라는 의미를 담고 있습니다. 다른 예로는 "Break a leg." 가 있습니다. 이 표현은 글자 그대로 해석하면 "다리를 부러뜨려라."가 되지만, 실제로는 "행운을 빕니다." 또는 "잘 해봐!"라는 의미로써, 중요한 일이나 공연 등을 앞두고 있을 때 응원의 메시지로 사용됩니다. "I'm", "down", "break", "a leg"… 하나하나 따로 놓고 보면 모르는 단어가 있나요? 문제는 난이도가 아니라 영어 관용구에 대한 노출입니다.

　이런 관용어구와 비유적 표현은 영어를 모국어로 사용하는 사람들에게는 자연스러운 일이지만, 영어를 배우는 사람들에게는 그 표현 자체를 알지 않으면 이해가 어렵습니다. 이런 표현들이 문화적인 배경과 역사를 내포하고 있기 때문입니다. 따라서 영어를 배울 때 단어와 문법뿐 아니라 이런 관용어구와 비유적 표현도 함께 배우는 것이 중요합니다. 이렇게 하면 영어의 풍부한 표현을 이해하고 훨씬 더 자연스럽게 사용할 수 있을 거예요.

- **원어민의 대화 속도**

　원어민의 말 속도는 많은 사람이 영어를 어렵게 느끼는 주요인 중 하나입니다. 특히 "연음" 현상이 그렇습니다. 연음이란 특정 단어들이 연이어 나올 때 발생하는데, "did you"가 "didju"처럼 들리는 것이 대표적인 예시입니다. 또한, 원어민들은 자주 사용하는 단어나 구문을 줄여서 발음하는 경향이 있습니다. "going to"가 "gonna", "want to"가 "wanna"처럼 변하는 것이 그 예입니다. 이러한 현상은 영어가 익숙한 원어민들의 빠른 말 속도 때문에 더욱 두드러집니다. 따라서, 영어 청취력을 향상하려면 원어민 간 실제 대화가 어떻게 진행되는지를 파악하고, 연음과 축약형 등의 표현이 자연스럽게 들릴 때까지 반복적으로 듣고 따라 말하는 연습을 하는 것이 중요합니다. 영화, 드라마, 팟캐스트 같은 실생활 영어 콘텐츠를 십분 활용하는 것을 추천합니다.

- **지역별 사투리 및 어휘 차이**

막 호주 유학 생활을 시작하고 얼마 지나지 않았을 때 일입니다. 수업이 끝나고 교수님이 말끝에 "투다이"라고 하는 것을 들었지만 순간적으로 이해가 되질 않았습니다.

'투다이가 뭘까. 'To die'는 아닌 것 같은데.'

잠시 생각에 잠겼다가 "Today(오늘)"임을 알고 무릎을 탁 쳤답니다. 호주식 영어에서는 표준 영어의 이중모음 /eɪ/ 발음(예: day)을 /aɪ/ 발음(예: die)과 유사하게 /aɪ/ 또는 [ɐɪ]처럼 발음하는 경우가 있습니다. 비슷한 예로 "Monday"(/ˈmʌndeɪ/)가 "먼다이"(/ˈmʌndaɪ/)처럼 들리기도 합니다.

미국 역시 넓은 땅만큼 지역에 따라 사용하는 언어와 어휘가 다르게 표현되곤 합니다. 문화와 사회적 배경,

심지어는 역사적 요인까지 반영된 결과일 텐데요, 미국의 다양한 지역에서는 같은 의미의 단어를 서로 다르게 부르는 경우가 흔합니다.

하와이에서 살 때는 수업에 가기 전에, 카페에서 종종 캐러멜시럽이 들어간 라테를 주문하곤 했습니다. 이 메뉴를 주문할 때면 직원이 언제나 "stirred?"하고 물었습니다. "stir"은 "젓는다"란 의미이므로, 커피와 시럽의 층을 그대로 분리하여 둘지, 아니면 제조 과정에서부터 섞어줄지를 물어보는 것입니다. 익숙해진 후에는 제 쪽에서 "stirred"를 붙여 주문했습니다.

시간이 지나 펜실베이니아로 이주하게 되었는데, 비슷한 상황을 마주했습니다. 직원이 묻더군요.

"Upside down?"

업사이드 다운? 영화 이름도 아니고 이런 질문은 처음이었습니다. 제가 "Excuse me?"하고 묻자, 직원은 같은 말을 반복했습니다. 잠시 생각해 보니 아마도 "stirred"와 비슷한 표현이지 않을까 하여, 이렇게 해달라고 말했습니다. 그랬더니 이번엔 상대방 쪽에서 의아하다는 표정이었습니다.

"Honey, we don't say 'stirred' here."

(여기서는 'stirred'라고 하지 않아.)

그는 이렇게 말하며 "upside down"을 말한 것 같다고 하고, 그렇게 해주겠다 했습니다. 그러고는 저에게 어디에서 왔냐고 묻더군요. 한국인이지만 최근까지 하와이에 있었다고 하자, 직원은 살짝 웃어 보이며 신기하다는 반응을 보였습니다. 미국 내에서도 지역에 따라 표현 방식이 다르다는 걸 다시 한번 체감했습니다.

샌드위치도 다르게 부르곤 합니다. 동부 지역에서는 샌드위치의 모양이 잠수함(submarine)을 닮았다고 해서 "sub"이라고 이름을 붙여 부릅니다. 반면, 중서부에서는 "hoagie"라고 칭하는데, 특정 지역의 이민자들이 그들의 고향에서 먹던 유명한 샌드위치를 기억하며 붙인 단어라고 합니다.

이처럼 지역별로 사용하는 어휘에 차이가 있어서, 상대방의 출신 지역에 따라 리스닝이 원활하지 않을 수 있습니다. 이런 차이를 인지하고 수용하는 것이 리스닝을 향상하는 데 도움이 됩니다. 새로운 단어를 처음 들었을 때는 혼란스러울 수 있지만, 원래의 의미를 유추하려는 것도 학습의 중요한 과정입니다.

영어 자막을 활용한 듣기/읽기 훈련법

흔히 '미드'나 '영드'라고 불리는 해외시리즈를 통해 공부하는 방법이 있습니다. 이때, "영어 자막 없이 볼 것이냐? 자막을 켜고 볼 것이냐?"에 대한 의견이 분분합니다만, 저는 본인의 영어 수준에 따라 다르다고 생각합니다.

OTT 서비스의 비약적인 발달로, 한국어 콘텐츠에도 한국어 자막이 제공되는 것을 자주 볼 수 있습니다. 자막은 꼭 언어 공부를 위해서만 존재하는 것은 아닙니다. "배리어프리(barrier-free) 자막"이라고 해서, 청각 장애인 또는 청력이 떨어지는 이들이 영상 콘텐츠를 이해하는 데 도와주는 역할을 합니다. 등장인물의 대사만

이 아니라 배경음, 감정 표현, 음악 등 비언어적 요소까지 표기하여 시청자가 영상의 전반적인 분위기와 내용을 이해할 수 있게 합니다. 예를 들어, 주인공이 누군가에게 쫓기며 촌각을 다투는 장면에서 [긴박한 느낌의 음악]이라고 현재 배경 음악이 어떤 느낌인지 자막에 표기되는 것처럼 말입니다. 이를 통해 청각 장애인들도 일반인과 동일한 정보를 얻고, 생생한 감정을 느끼도록 하는 효과가 있습니다.

이런 자막 표기를 영어로 전환하면, 우리가 일상에서 접하기 힘든 영어 의성어와 의태어를 해당 장면과 함께 자연스럽게 습득할 수 있다는 강점이 있습니다. 저 역시 이렇게 많은 어휘를 습득했습니다. 기분이 좋아진 등장인물이 빙그레 웃음을 띨 때는 학교에서 배운 "smile"보다 "chuckle"이라는 단어가 정말 많이 등장하더군요. "웃는다"라는 기본 동사에는 수많은 동의어가 존재합니다. "laugh"는 소리가 동반된 웃음, "grin"은 소리 없이 웃는 웃음처럼 말이죠.

영상물은 극의 흐름이 시각적인 정보와 함께 텍스트로 제시되므로, 스펠링, 어휘, 문장 구조를 실시간으로 확인하며 학습할 수 있습니다. 실시간으로 들려오는 발음을 통해 청취 능력 향상과 발음 교정에도 도움이 됩니다.

• 올바른 자막 읽기

여러분은 지금 이 문장을 어떻게 읽고 계시나요? 왼쪽부터 오른쪽으로, 한 단어, 한 단어, 시선을 옮겨가며 읽거나, 마음속 목소리로 문장을 따라 읽고 있진 않으신가요?

중학생 때 우연히 배운 속독법 클래스에서는, 앞에 놓인 페이지 속 글자를 전시회장에 걸린 한 폭의 그림처럼 볼 수 있도록 했습니다. 영어 자막도 마찬가지입니다. 영상 속 원어민 배우의 말 속도는 너무 자연스럽고 빨라서, 글자 하나하나 또박또박 읽으려면 미처 따라잡지 못할 겁니다. 처음 영어 자막을 활용해 학습을 시도한다면 문장 앞에서부터 차례로 읽기보다는, 살짝 뒤로 물러나 전시회의 그림을 감상하듯 한눈에 화면을 담아 보세요. 스마트폰 화면 스크린 캡처처럼 전체를 눈에 담는 것입니다.

만약 속도가 너무 빨라서 놓쳤다면, 일시 정지해서 영어 자막을 천천히 읽어보고 다시 한번 재생을 반복하며, 한눈에 문장 하나가 다 들어오는지 확인하며 읽어봅니다.

- **원어민 발음 체크**

　원어민과의 현실 대화에서는 알던 단어도 놓치고 흘려듣게 되는 경우가 있습니다. 우리 역시 언제나 아나운서와 같은 정확한 발음으로만 이야기하는 게 아니듯이요. "Let me help you."를 "Lemme help ya."로 발음하는 것을 처음 들었다면 실제 대화에서는 알아듣지 못했을 수도 있습니다. 자막이라면 적어도 문자로 확인할 수 있으니, 직접 정보를 찾을 기회를 얻는 것입니다.

　원어민이 어떻게 발음하는지 알아야 듣고 따라 할 수 있으며, 내가 만드는 문장에 녹여 스피킹으로까지 연결할 수 있습니다. 영어 자막을 통해 단어가 어떻게 발음되는지 주의를 기울여서 그들의 발음, 억양 및 언어 특징을 모방해 봅니다.

- **프로그램 기능 활용하기**

　자막을 지원하는 프로그램에서는 영상을 일시 정지하거나 되감기, 속도 조절 등을 할 수 있습니다. 이러한 기능이 있다는 것은 이미 많은 분이 아실 테지만 실제로 영어 공부에 얼마나 활용하고 계시나요?

　처음엔 본래의 속도로 들어봅니다. 이해가 되지 않거

나 전혀 들리지 않았다면, 그 부분만 자막을 확인합니다. 그리고 품사와 스펠링 등을 검색해서 나의 어휘 리스트에 따로 정리합니다. 이후, 속도를 늦추어 반복 시청합니다. 일단 들리지 않던 구간의 어휘나 표현에 대한 정보를 찾고, 영상 속 원어민의 발음과 비교해 봅니다. 반복은 학습을 강화합니다. 새로운 세부 사항을 발견하고, 뉘앙스를 이해하며, 전반적인 이해력을 높입니다.

기본적인 설정에 익숙해지셨다면, OTT 서비스와 함께 사용하면 좋은 한영 통합 자막 프로그램을 사용해 봅시다. 바로 "Language Reactor(랭귀지 리액터)"라는 프로그램입니다.

(사진 출처: https://www.languagereactor.com/)

크롬으로 접속해서 Language Reactor를 검색하고 설치합니다. 유튜브나 넷플릭스에 로그인하고, 영상 재생 프로그램 하단에 "LR" 버튼이 뜨는지 확인합니다. 이 버튼을 활성화하면 영한 자막을 동시에 켜고 시청할 수 있게 됩니다. Language Reactor를 활용하면 전체 스크립트를 켜서 볼 수 있고 문장을 클릭하면 해당 장면으로 이동하게 됩니다. 키보드 단축키를 활용하면 간편하게 자막의 이동과 속도 조절을 할 수도 있습니다.

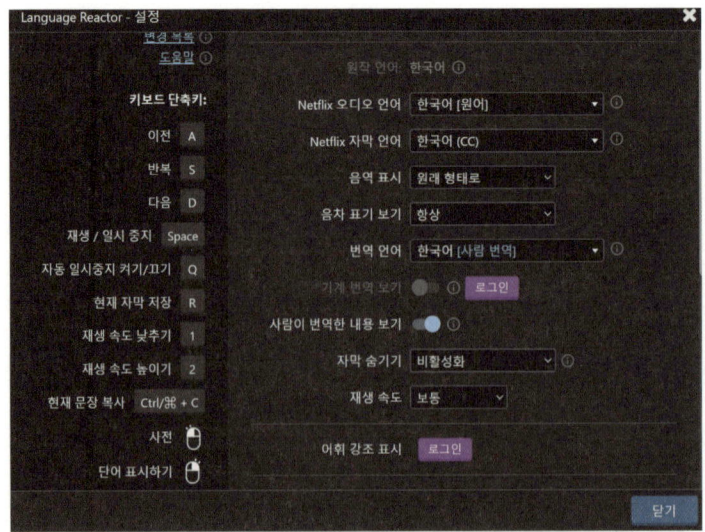

(Language Reactor '설정' 화면)

Language Reactor는 영어 말고 다른 언어로도 설정할 수 있으니, 여러 언어를 공부할 때 같이 써보세요.

- **어휘, 표현 수집**

　리스닝이 어느 정도 향상되었다면, 유독 들리지 않는 부분이 툭 하고 거슬릴 것입니다. 첫 시도에서는 처음부터 끝까지 영상을 들으며 전반적인 내용을 파악한 후, 이다음부터는 모르는 표현이 등장했을 때 영상을 잠시 멈춥니다. 여러 번 반복하여 들어도 한번 들리지 않았던 부분은 계속 들어봐도 이해가 가지 않을 것입니다. 이때에는 자막의 도움을 받아 생소한 단어나 구문에 주의를 기울입니다. 단어의 의미를 찾아보고 목록에 적습니다. 이때 단어와 한국어 뜻만 적는 것이 아니라, 꼭 예문도 같이 덧붙입니다. 새로운 단어를 학습했다면 꼭 문장에 활용하여 이해도와 기억력을 강화해야 합니다.

　제가 아직 학생이었을 때에는 TV이든, 인터넷이든, 보통 한국어 자막만 제공이 되고 영어 자막을 찾기가 어려웠습니다. 그래서 종이와 연필을 들고 대기하고 있다가 모르는 단어가 들리면 한글로 소리 나는 대로 우선 적고, 한국어 자막을 통해 영단어를 유추해 가는 식으로 공부하기도 했습니다.

하지만 지금은 위에서 소개해 드린 Language Reactor 와 같은 자막 프로그램의 단어(word) 기능을 사용하면, 더욱 간편하게 영상에 등장한 자막의 의미를 살펴보고 정리할 수 있습니다.

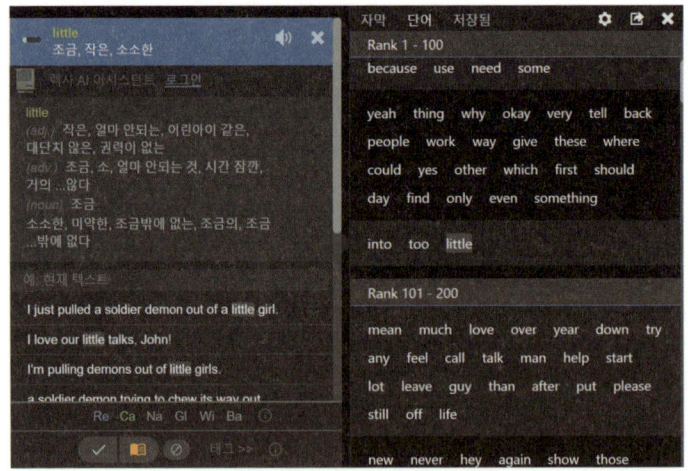

(Language Reactor '단어' 화면)

단어 버튼을 누르면 영상에 등장한 자막의 뜻뿐만 아니라 예문과 함께 원어민의 발음 음성까지 들어볼 수 있어요. 게다가 단어의 난이도에 맞춰 프로그램 내에서 자체적으로 순위까지 매겨서 보여줍니다. 정말 편합니다.

영어 공부를 하기로 마음먹었다면, 영어 콘텐츠도 소

비하는 데 그치는 것이 아니라 공부에 활용해 보세요. 자막을 보며, 소리를 주의 깊게 듣고 내용을 예측해 보세요. 후에는 자막에 의존하지 않으면서 스스로 이해한 내용을 요약해 봅니다. 자막은 유용한 학습 도구임이 분명하지만, 학습자가 말하기, 쓰기, 단어 연습 등 다른 언어 학습 활동과 함께 사용해야 그 진가를 발휘할 수 있습니다. 여러 유형의 콘텐츠와 자막을 실험하여 자신의 학습 스타일과 수준에 가장 적합한 방법을 찾아보세요.

영어 원서 읽기의
장점과 활용법

    같은 작품이라 할지라도 번역본을 읽는 것과 원서를 직접 혹은 비교하며 읽음으로써 얻을 수 있는 이점의 차이는 큽니다. 영어가 모국어가 아님에도 뛰어난 영어 실력을 자랑하는 이들 중 상당수가 어릴 적부터 영어 원서를 읽은 경험이 큰 도움이 되었다고 말합니다. 원어로 원서를 읽으면 어휘 확장, 문법 이해 및 전반적인 언어 능력이 함께 향상되며, 작가들의 다양한 문체와 구조를 접한 경험은 이후 라이팅과 스피킹 훈련의 기초가 되어 효과를 극대화합니다. 우리가 흔히 말하는 "영어식 사고 구조"를 가질 수 있는 초석을 다지는 과정이기 때문입니다. 그렇다면 과연 어떤 책을 읽어야 할까요?

영어 원서를 읽는 첫걸음은 본인의 관심사에서 시작하는 것이 좋습니다. 저는 영미문학 분야를 즐겨 읽습니다. 다소 심오하고 어려운 내용의 훌륭한 문학이 이 외에도 더 많겠지만, 영미문학에 관심이 있다면 미국 공교육에서 학년별로 다루는 필독서 목록을 살펴보는 것도 좋습니다. 스콧 피츠제럴드의 <위대한 개츠비>나 제인 오스틴의 <오만과 편견> 등의 작품이 있습니다. 특히 한국어 번역본을 가지고 있다면, 한국어와 비교하며 같은 작품을 두 가지 언어로 읽는 방법도 있습니다.

영어 원서 읽기에 적응했다면 분야를 넓혀가며 과학, 판타지 소설, 실용서 등 다양한 장르의 책에 도전해 보세요. 영어 원서를 통해 영어 실력 향상은 물론이고, 다양한 문장 구조, 관용구, 구어적 표현, 문화적 배경지식을 습득하고 자연스럽게 익힐 수 있습니다. 보다 실제 영어 사용 환경에 더 가까워질 수 있죠. 또, 번역을 거치지 않고 작가가 의도한 대로 문학, 이야기 및 정보를 훨씬 생생하게 즐길 수 있는 것도 큰 장점입니다. 그러나 영어 원서 읽기에도 몇 가지 주의할 점이 있습니다.

- **레벨에 맞는 책 고르는 법**

　우선 현재 나의 영어 실력에 맞는 책을 선택하는 것이 중요합니다. 너무 어려운 책은 원서 읽기에 부담만 줄 뿐입니다. 그렇다고 너무 쉬운 책은 공부가 안 되겠죠?
　책을 펼쳐 몇 페이지를 읽어보고 모르는 단어의 비율을 확인해 보세요. 일반적으로 한 페이지당 모르는 단어가 5개 미만이면 그 책은 여러분의 현재 수준에 적합할 가능성이 높습니다. 또한, 많은 어학 전문 출판사에서는 영어 학습자를 위해 다양한 레벨의 책들을 내고 있습니다. 출판사의 지표를 참고하여 책을 고르는 것도 한 가지 방법이 될 수 있습니다.

- **모르는 단어는 어떻게?**

　평상시엔 모르는 단어를 만날 때마다 바로 사전을 찾는 건 좋은 습관이지만, 원서를 읽을 때마저 많은 시간을 할애하는 건 추천하지 않습니다. 독서의 흐름이 끊기고, 이것이 반복되면 이야기에 흥미를 잃을 수 있기 때문입니다. 영어 원서라고 해서 오로지 공부로만 접근하기보다 책의 전체적인 맥락을 이해하는 것이 우선입니다.

모르는 단어를 그냥 넘기는 것이 답답하다면 따로 적어놓았다가 나중에 찾아보는 것을 권장합니다. 그러면서 단어가 등장했던 페이지로 돌아가, 새로 알게 된 단어의 의미를 생각하며 정독해 봅시다.

- **내면의 목소리(sub-vocalization) 지양하기**

여러분은 책을 읽을 때 어떻게 읽으시나요? 한번 자신의 독서 읽기 습관을 점검해 보시면 좋겠습니다. 독서 중 속으로 문장을 따라 읽는 습관, "속발음(음독)"은 으레 무의식적으로 하는 행동입니다. 때에 따라 글을 이해하는 데 도움이 될 수 있지만, 독서 속도와 효율성을 높이고자 하는 사람들에게는 오히려 걸림돌이 될 수 있습니다.

사람의 뇌는 말하는 속도보다 훨씬 빠르게 정보를 처리할 수 있습니다. 하지만 마음속으로 소리를 내며 책을 읽으면 개별 단어나 문장에 집중하게 되어 독서 속도가 느려지고, 전체적인 문맥을 파악하는 데 어려움을 겪을 수 있습니다. 특히, 복잡한 내용이나 추상적인 개념이 포함된 글을 읽을 때는 이해력이 떨어질 가능성이 큽니다. 글의 의미를 깊이 분석하는 데 필요한 인지적 자원이 소리 내어 읽는 과정에 분산되면서 집중력이 저

하되는 것입니다.

영어 원서를 읽을 때도 마찬가지입니다. 문장 하나하나를 한국어로 번역하기보다, 책 내용을 직관적으로 받아들이며 구체적인 이미지를 머릿속으로 상상해 보세요. 그리고 글의 문맥과 그것을 파악하는 것에 더 집중해 보세요. 창의력 향상은 독서의 가장 큰 장점입니다. 이미지를 구체적으로 상상하는 연습을 통해 더 효율적인 독서를 하게 됩니다.

속독을 통해 내면의 목소리를 줄이거나 없앨 수도 있습니다. 속독은 눈의 움직임을 최적화하고 속으로 읽는 습관을 줄임으로써, 독서 속도와 이해력 향상에 도움을 줍니다.

- **원서 독후 활동**

책을 읽고 난 후 다양한 독후 활동을 할 수 있는데, 가장 기본적으로는 독후감이 있습니다. 간단하게 줄거리를 영어로 요약하고, 감상을 덧붙이며 짧게나마 영어 라이팅의 기회로 삼아보세요. 주요 내용, 등장인물, 줄거리 전개 등을 영어로 요약하면서 나의 말로 바꾸어 (paraphrasing) 글을 써볼 수 있습니다.

다음으로는 책을 읽고 느낀 점, 생각, 비판, 공감 등을 영어로 표현하며, 자기 생각을 논리적으로 정리하고 영어로 의사소통하는 능력을 향상할 수 있습니다. 예를 들어, '이 책의 주인공이 내린 선택은 잘못되었다. 왜냐하면….'이라는 문장처럼 자신의 관점을 주장하고 그 근거를 제시하는 방식으로 글을 써보는 것입니다.

또한, 등장인물 중 하나를 골라서 그 인물의 입장으로 일기를 써보는 것도 재밌습니다. 등장인물의 입장에서 일기를 쓰며 등장인물에 대해 생각해 보는 동시에 시제, 감정 표현 등 영어 문법과 표현력을 동시에 풍부하게 익힐 수 있습니다.

처음에는 부담 없이 짧게 시작해 보세요. 그렇게 꾸준히 연습하며 영어 글쓰기에 대한 자신감을 키우는 것이 중요합니다.

- **해석은 앞에서부터!**

여전히 많은 사람이 영어 문장을 한국어 어순에 맞게 해석하려는 경향이 있습니다. 이렇게 해석하는 것은 상당히 비효율적입니다. 우리말로 된 글을 읽을 때를 떠올려보면 대부분 자연스레 문장을 이해하지, 앞뒤로 왔다 갔다 해석하지 않습니다.

이것이 왜 문법 학습과 관련이 있느냐 하면, 앞에서부터 해석하며 문장을 읽어야 문법 체계를 이해할 수 있기 때문입니다. 주어와 동사는 어디에 자리하는지, 전치사와 부사는 언제 등장하는지 등, 원어민이 하는 것처럼 영어 어순대로 문장을 읽어야 기본적인 문법 체계에 대해 알 수 있습니다. 한국어로 조리 있게 정리하려다 보면 해석하는 데에 온 신경이 갑니다. 원서이든, 독해 지문이든, 앞에서부터 직관적으로 해석하는 훈련부터 차곡차곡하시길 바랍니다.

문법과
어휘 편

문법과 어휘 편

효과적인 영단어 학습, 어떻게?

제가 아직 어린 학생이었을 때의 일입니다. 당시에 '단어집', '단어장'이라는 게 있었습니다. 문제집에 부록으로 별첨 되어 있기도 하고, 서점에서도 일부러 단어장을 구매해서 가지고 다니기도 했습니다. 보통 한쪽엔 영어 단어가 쭈욱 나열되어 있고, 그 옆에 그 단어의 한국어 뜻이 있는 구조였습니다. 예문이 있으면 그나마 다행입니다. 당시의 단어장들은 주로 예문조차 없이 "영단어 = 한글 뜻"의 구조였는데, 보기만 해도 빼곡해서 외우기도 전에 질려버렸던 마음이 듭니다. 학원, 학교 선생님들께서는 이 단어를 날마다 달달 외우도록 하셨고, 후에 채점하여 틀린 개수를 세어 틀린 어휘는 또다시 깜지 형식으로 기억할 때까지 쓰게 하셨습니다. 그렇게 밑도 끝도 없이 나열된 단어를 기계처럼 외웠지만 머릿속에는 크게 남아있지도 않았고, 남았다고 하더라도 정작 어떻게 활용해야 하는지 알 수 없었습니다. 어느 날은 "간헐적 = sporadic" 단어를 보고 홀로 분통을 터뜨리기도 했습니다. 어린 저로서는 "간헐적"이라는 말을 들어 본 적도 없었기에, 아무 맥락 없이 등장한 이 단어를 내가 과연 언제, 어떻게 쓰게 될까? 라는 허탈감으로 가득했던 기억이 있습니다.

여러분도 학창 시절에 이렇게 공부한 적이 있으실 겁니다. 다 외웠다 싶으면 쪽지 시험을 보고, 얼마만큼 완벽히 외웠는지 채점하며, 최대한 많은 단어를 외우는 것이 단어 공부의 정공법처럼 알려졌었습니다. 하지만 그렇게 외운 단어가 지금 얼마나 머릿속에 남아있나요? 실제로 회화에서 활용하고 입으로 뱉을 수 있는 단어의 수는 몇 개나 되나요?

"정확한-accurate"처럼 1:1로 대응이 가능한 단순한 패턴으로 단어를 습득하는 것은 구시대적 어휘 공부법입니다. 지금 당장 인터넷 사전에 "run"만 검색해 봐도 30개가 넘는 의미를 확인할 수 있습니다. 이 외에도 영어 단어 뜻을 사전에서 찾다 보면 서로 다른 의미만 10개가 훌쩍 넘는 단어가 수두룩합니다. 그래서 "특정 영어 단어 = 특정한 한국어의 뜻"이라는, 공식과도 같은 한마디 표현이 어휘 공부에는 위험할 수 있습니다.

그럼 이렇게 광범위한 단어를 어떻게 하면 현명하게 공부할 수 있을까요? 다양한 어휘 학습 방법 중, 제가 생각하는 효과적인 어휘 습득 방법 몇 가지를 공유하고자 합니다.

이미지 검색으로
단어 공부를?

오랜만에 만난 지인들과 영어를 주제로 이야기를 나누게 되었습니다. 예나 지금이나 영어 학습에 관심이 많은 한 지인은 무릎을 치며 오래된 기억 하나를 끄집어내며 말했습니다.

"아직도 네가 얘기한 게 가끔 생각나. 'apple'이라는 단어를 듣고 '사과'라는 글자를 떠올리면 안 된다고 했어."

한번 여러분도 생각해 보시면 좋겠습니다. "Apple"이라는 단어를 보면 뭐가 떠오르시나요? 앞서 단어집의 오용에 대한 말씀을 드렸는데요, 영어 공부에서 암기와 반복 훈련은 꼭 필요합니다만, 너무 과도하게 1:1 대응법으로만 외운다면 정작 문장에서 활용하기 어렵습니다. 반면 포털 사이트의 이미지 검색 기능을 사용하면 좀 더 효율적인 어휘 학습이 가능합니다. 어린이용 영어 교재나 책을 살펴보시거나 떠올려 보세요.

단어와 관련된 이미지, 삽화가 아이들의 흥미를 돋울 만큼 선명하고 예쁘게 그려져 있습니다. 마찬가지로, 이미지 검색 기능을 이용하여 특정 단어를 검색하고, 검색엔진이 보여주는 이미지를 보며 단어를 매치해 보세요. 장기적으로 단어를 기억하는 데 도움이 됩니다.

우리말로 정확하게 번역되지 않는 단어도 이미지를 보며 추상적으로 느껴보는 것도 좋은 방법입니다. 중요한 것은 내가 "apple"이라는 단어를 들었을 때 머릿속에 "사과"라는 단어가 떠오르기보다는, "빨갛고 동그란 과일" 같은 이미지가 떠오르도록 훈련해 보는 것입니다. 이렇게 하면 영어 단어-한국어 뜻으로 외울 때보다 훨씬 오래 내 머릿속에 남게 됩니다.

하지만 위에 언급했듯 점차 학습 레벨이 올라가게 되었을 때 등장하는 어휘들은 그림이나 사진으로 표현하기가 쉽지 않습니다. "자주적인"이나 "획기적인"과 같은 단어들에 딱 어울리는 사진을 골라 넣을 수 있으신가요? 이런 이미지를 활용한 어휘 학습법의 빈틈을 보완해 줄 또 다른 방법을 살펴보겠습니다.

적재적소
나만의 어휘 리스트 만들기

지역사회나 국가에서 주최하는 다양한 국내외 행사에 참여하면서 전문 통역사분들과 함께 일할 기회가 있었습니다. 그러면서 통역사들의 공통점 한 가지를 발견할 수 있었는데, 바로 자신만의 어휘 리스트를 가지고 있다는 점이었습니다. 많은 통역사가 분야별로 카테고리를 나누고, 그 목록에 속하는 어휘를 정리하여 몸에 지니고 다녔습니다. 제가 만난 한 동시통역사는 어휘의 카테고리를 철저히 세분화하여 준비해 놓았다가, 업무 의뢰가 들어오면 그 분야와 관련된 모든 영역의 어휘를 다시금 정독한다고 했습니다. 똑같은 단어라 할지라도 분야에 따라 의미가 바뀌는 일이 비일비재하기 때문입니다.

 여러분도 통역사처럼 분야별 어휘 목록집을 활용해 봅시다. 전공, 활동 분야, 관심사를 먼저 생각해 보고, 그 분야에서 꼭 알아야 할 어휘 목록을 만들어 공부하는 방법입니다. 우선 해당 분야에 자주 등장하는 어휘를 한국어로 먼저 쭈욱 메모해 봅니다. 개중에서는 이미 영어로 알고 있는 단어도 있을 것이고, 모르는 어휘도 있을 것입니다. 알고 있던 단어라 해도 목록에 포함하도록 합니다. 그리고 목록을 점점 세분화하고 확장해 나갑니다.

 예를 들어, 내가 승무원을 지망하는 취업 준비생이라고 가정해 봅시다. 어휘 리스트의 주제는 단연 "항공"이겠죠? 하지만 막상 어휘 리스트를 만들려 하면, 어디서부터 어디까지 정리해야 할지 중구난방이 되기 십상입니다. 주제의 범위가 넓다면 그 안의 소주제를 정리해 보세요. 항공에는 "기내 서비스," "기체", "응급상황", "안전 및 보안" 등의 다양한 소주제가 있습니다. 만약 "응급상황" 카테고리를 선택한다면, 기내에서 환자가 발생했을 때 소통에 필요한 병명이나 증상 등을 주제로 정리하면 좋겠죠. 특정 상황을 상상하며 목록을 정리하면 나만의 기준이 생길 것이고, 나에게 친숙한 기준으로 어휘 학습을 하면 더욱 내 것으로 만들기 쉽습니다. 전공, 업무 분야, 관심사에서 시작해 다양한 어휘 리스트를 만들고 확장해 나가보세요. 여유가 된다면 일차적으로 완성된 어휘 목록을 늘려 유의어와 반의어까지 추가 정리하는 것을 추천합니다. 그러면 나의 어휘 목록은 무궁무진하게, 또 효과적으로 확장될 수 있습니다.

주제별로 카테고리를 완성하고 세부 목록을 추가했다면, 이제 완싱된 난어십에서 직접 단어를 골라 관련된 문장에 활용하는 것이 중요합니다. 새로운 어휘를 실제로 문장 안에서 어떻게 사용하는지 최대한 많은 예문을 살펴보고, 비슷하게 써보는 연습이 필요합니다. 나아가 말하는 연습을 하면 기억에 더 잘 남을 수 있습니다.

환상의 짝꿍을 찾아라!
"연어" 활용하기

"연어(Collocation)"란 어떤 단어가 다른 단어와 자주 함께 쓰이는 어휘의 조합을 의미합니다. 예를 들어, 'make a decision'이나 'take a shower'같이 일상적으로 자주 사용되는 표현들이 collocation의 대표적인 예입니다. 연어를 활용하는 학습 방법은 매우 효과적입니다. 단순히 단어의 뜻을 아는 것 이상으로, 그 단어가 어떤 상황에서 어떤 단어와 함께 쓰이는지를 이해할 수 있기 때문입니다. 단어의 뜻뿐만 아니라 문맥을 이해하는 능력도 함께 향상됩니다. 실제로 영어를 사용할 때 더 자연스러워지고 표현의 풍부함과 정확성을 높여줍니다.

저는 collocation의 개념을 알기 훨씬 전, 어린 학생이었을 때 미드나 외화 영화를 보곤 했습니다. 거기서 자주 등장하는 표현이 있었습니다. "commit crimes"와 "commit suicide"에 들어가는 동사 "commit"이었습니다. 바로 검색을 해보니, "commit"은 "do"와 근본적인 의미는 같았습니다. 뒤에 붙는 어떤 행위를 행하는 것입니다.

'그런데 왜 "do"가 아니라 "commit"일까?'

무척 궁금했습니다. 곰곰이 생각해 보니 "commit" 뒤에 붙는 단어는 죄다 "범죄(crime)"나 "자살(suicide)"같이 부정적인 의미가 있는 단어였습니다. 그리고 한국어 역시 "범죄를 한다"보다는 "범죄를 저지른다"가 훨씬 자연스럽다는 것을 떠올리게 되었습니다.

'아, 언어에도 짝꿍이 있구나. 한국어든, 영어든, 어떤 동사와 명사가 주로 붙는 경우가 있겠구나. 그럼 또 뭐가 있을까?'

이때부터 연어에 관심을 두게 되었습니다. 영어를 공

부하다가 눈에 자주 들어오는 연어 어휘가 있다면 그냥 지나치지 말고 주의 깊게 살펴보세요. 단어 하나에 자연스럽게 함께 쓰이는 표현까지 익히면 그야말로 일거양득이 아닐까요?

다채로운 어휘, 즐겁게 탐험하고
능숙하게 활용하는 법

• **독서를 통한 어휘 체계 확장**

아무리 영상이 발달했다 해도 독서는 단연코 가장 훌륭한 학습 도구이지 않나 합니다. 책에는 이야기라는 맥락과 줄거리의 흐름이 존재합니다. 독서를 통해 책에 등장한 단어에 자연스레 노출되고, 그것을 배우고자 하는 공부 동기도 생깁니다. 어휘를 알아야 내용을 이해할 수 있기 때문이죠! 혹시 그 어휘를 모르더라도 앞뒤 내용을 통해 그 어휘에 대한 힌트를 얻을 수 있습니다.

이 방법에서 생각해 보아야 할 점은 다독이 하루이틀 만에 이루어지는 것이 아니라는 사실입니다. 독서 습관이 형성되어 있지 않을 수도 있고, 책을 통해서 어휘를 습득한다는 것이 장기간의 노력과 시간을 요하기 때문입니다. 하지만 그렇다고 해서 포기하진 마세요. 독서는 꾸준히 가지고 나아가야 할 필수 습관이라고 생각합니다.

- **다양한 어휘 게임**

일단 게임이기 때문에 공부라는 부담을 갖기보다는 다른 사람과 즐겁게 상호작용을 하며 공부를 유지할 수 있는 것이 장점입니다.

- **1. 스크래블 보드게임**(Scrabble)

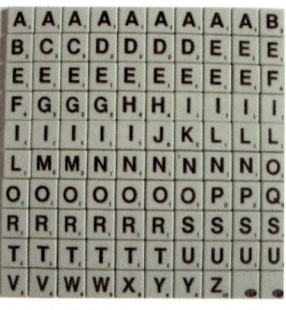

사진 출처: '위키백과: 스크래블'

제가 미국에서 친구들과 자주 하던 보드게임인데, ESL 과정에 다니는 학생이었을 때에는 학교의 휴게실 같은 곳에 따로 갖다 놓기도 할 정도로 현지에서도 유명한 낱말 보드게임입니다.

---

* ·No machine-readable author provided. Agentsoo~commonswiki assumed (based on copyright claims)., Public domain, via Wikimedia Commons)

게임 방식과 규칙은 매우 간단합니다. 신문에 종종 수록된 가로세로 낱말 채우기 게임과 비슷합니다. 플레이어는 알파벳이 새겨진 작은 우드 타일을 이용하여 스크래블 보드게임 판에 단어를 만들고 점수를 획득합니다. 내게 주어진 제한된 개수의 알파벳 타일 안에서 최적의 단어를 만들어야 하는 전략형 게임이라고 볼 수 있습니다. 이렇게 되면 단순히 단어를 암기하는 것뿐 아니라, 직접 단어를 만들어 가며 영어 공부를 할 수 있습니다. 게임 상대의 영어 수준이 높거나 원어민 친구라면 내가 몰랐던 단어가 마구 쏟아지기도 합니다. 그럴 땐 지고도 기분이 나쁘지 않습니다.

• 2. 단어 설명 게임

앞서 단어집의 단점을 지적했지만, 설령 단어집으로 공부하더라도 내가 배운 단어의 의미를 간단히 영어로 설명할 수 있다면 더욱 효과적인 공부 효과를 기대할 수 있습니다. 더불어 스피킹 실력까지 향상할 수 있죠.

저는 어휘 학습 시간에 학생들에게 단순히 단어 뜻을 외우도록 하기보다 그 의미를 영어로 설명하도록 유도합니다. 학생이 이미 단어의 뜻을 알고 있더라도 그것을 자신의 말로 풀어 설명하는 과정이 중요하기 때문입니다. 예를 들어, "공기"라는 개념을 영어로 설명하는 것인데, 영영 사전을 떠올리면 쉽게 이해되실 겁니다. 막상 한 단어를 문장으로 풀어서, 그것도 영어로 설명하는 일은 생각보다 쉽지 않습니다. 단어를 응용해서 퀴즈 게임을 하니, 학생들도 적극적으로 재밌게 참여하는 모습을 보였습니다. 그런 의미로 평소에 영영 사전을 자주 접하는 것도 좋습니다. 만약 말로 설명하기 어려운 단어라면, 해당 단어를 넣어 간단한 예문을 만드는 작문 활동을 추천해 드립니다.

- **영어 노래 가사 활용**

노래는 한 문화권에 깊게 뿌리내려 그들의 정서를 반영합니다. 가사는 해당 지역 사람들의 사고방식과 감정을 직관적으로 이해하는 창구이기도 합니다. 그 대표적인 예로 "가스펠"이 있습니다. 과거 극심한 차별과 고통으로 괴로워하던 흑인 노예들은 구원의 희망을 담아 노래를 부르기 시작했습니다. 처음엔 종교적인 색채가 강했지만, 그 안에 담긴 깊은 감성으로 점차 사회 전반으로 인기를 끌게 되었습니다. 이후 가스펠은 현대 팝과 재즈 음악의 근간이 되었습니다.

영어에는 특유의 리듬감, 흔히 '높낮이'가 있다고들

합니다. 비단 영어에만 국한되는 것은 아니지만, '고유의 네이티브식 리듬감'을 기르는데 노래만 한 게 또 없습니다. 멜로디를 따라 흥얼흥얼 부르다 보면, 단순히 암기식으로 새로운 단어를 배우는 것보다 더 재밌게 공부할 수 있습니다. 새로운 어휘 표현을 기억하기 위한 가장 훌륭한 방법의 하나를 벌써 내 것으로 만든 셈입니다.

최근 한국어를 배우는 외국인 학습자의 수가 급격히 늘고 있습니다. 우리도 단순히 한국어를 그저 잘하는 외국인보다는 한국 문화의 이해가 깊은 외국인에게 좀 더 친숙함을 느끼지 않나요? 노래를 포함한 문화 콘텐츠는 한 문화를 들여다보는 중요한 열쇠가 될 수 있습니다. 여러분께서도 취향에 맞는 멜로디, 학습에 적합한 어휘가 들어간 노래와 가사를 선택해 보세요.

문법에 질린 한국인들, 문법 공부 어떻게 해야 할까?

"문법 말고 회화하고 싶어요."
"회화 잘할 수 있는 법 없을까요?"

이런 말을 들을 때마다 저는 확실하게 말합니다.

"재료 없이 요리를 완성할 수 있을까요? 회화를 잘하려면 문법부터 잘하셔야 합니다."

내가 하고 싶은 말이 무엇이든, 문법을 알아야 만들 수 있습니다. 학교 다닐 때 겪었던 시험의 압박 때문인지, 사람들은 문법이라는 말만 들으면 질색합니다.

하지만 문법은 문장을 구성하는 아주 기본적인 요소입니다.

"I am student."

조금은 부끄러운 이야기지만, 다시 본격적으로 영어 공부를 시작했을 때의 저는 위의 문장이 왜 틀렸는지 조차 한번에 인지하지 못했습니다. 인지가 부족하니 회화에서도 활용이 불가했죠. 제가 관사의 사용을 배우지 않았을까요? 아닙니다. 올바른 문장인 "I am a student."을 놓고 어떤 부분이 틀렸는지 찾으라고 했다면 쉽게 찾았을 거예요. 이처럼 오랜 시간 학교나 학원에서 문법을 배우고, 어느 정도 문법 규칙을 안다고 해서 그것을 잘 활용할 수 있을지는 별개의 문제입니다. 문법에 고민이 많을 여러분께 제가 경험한 것을 바탕으로 조언을 드리고자 합니다.

- **문장 형식에 매이지 않기**

1형식부터 5형식. 많이 들어보셨죠? 물론 중요한 개념입니다. 하지만 처음 문법을 배우거나 오랜만에 다시 공부를 시작했다면, 문장 형식에 지나치게 집착하지 않는 것이 더 효과적일 수 있습니다. 형식을 전혀 몰라도 된다는 뜻은 아니지만 문장 형식을 신경 쓰느라 부담을 느낀다면, 잠시 다른 접근 방식을 시도해도 괜찮습니다.

우선, 문장 형식을 배우는 이유를 생각해 봅시다. 가장 큰 이유는 한국어와 영어의 어순 차이 때문입니다. 문장 형식 학습의 핵심 목표는 영어 문장의 기본 구조를 이해하고, 이를 바탕으로 올바른 문장을 구성하는 능력을 기르는 데 있습니다. 어순이 크게 다른 두 언어를 비교하며 기본적인 구조를 익히지 않으면 영어로 문장을 만들기 어렵습니다.

처음부터 모든 문장 형식을 완벽하게 이해하려고 부담을 느낄 필요는 없습니다. 기본적인 문장 구조에 익숙해진 뒤, 점진적으로 다양한 예시 문장과 문법 요소를 접해 보세요. 문장 형식을 암기하는 것보다 더 중요한 것은 실제 의사소통 상황에서 자연스럽게 문장을 구성하고 활용하는 연습을 꾸준히 하는 것입니다. 이 과정에서 문법적 지식은 점차 확장되고, 서로 다른 문법 체계에도 점점 익숙해집니다.

- **자주 틀리는 문법 파악하기**

　미국 대학에 정식 입학한 첫 학기, 작문 과제가 참 많았습니다. 열심히 쓰긴 썼지만, 그때까지만 해도 아직 아카데믹 에세이 작성에 익숙하지 않던 때라 교내 "Writing Center"에 밥 먹듯 드나들곤 했습니다. 학교마다 이름은 조금씩 다르지만, 유학생이라면 특히나 더 유용하게 활용할 수 있는 교내 학습 튜터링 제도입니다. 어려움을 느끼는 과목이나 학습 진도 부분에서 1:1 튜터링을 받을 수 있습니다. 전 그때 다양한 튜터 학생에게 수많은 에세이를 첨삭 받았습니다. 튜터마다 글쓰기 스타일이 달라서 다양한 피드백을 받는 것도 좋았지만, 이렇게 첨삭을 받는 날이 쌓이다 보니 데이터가 생기기 시작했습니다. 그들이 공통으로 지적하는 문법 오류 패턴이 보이기 시작한 것이었습니다.

　"여기 봐. 관사(article)가 또 빠졌지?"
　"이 부분에선 이 관사를 쓰면 어색해."

　지난 피드백까지 합하여 살펴보니 정말 관사 사용이 상당 부분 미흡했습니다. 관사 자체는 물론 알고 있었고 학교에서도 배운 기억이 있었지만, 막상 에세이를 쓰다 보니 실제로 활용해 보지 않아 생긴 틈이 여실히 드러난 것입니다. 한국어에서는 영어만큼 명사의 가산명사와 불가산명사를 구분하지 않기 때문에, 영어에서 이를 구분하여 'a', 'an', 'some', 'the' 등의 관사 및 한정사를 적절히 사용하기가 어려웠습니다.

이렇게 매번 원어민에게 피드백을 받는다면 더할 나위 없이 좋겠지만, 현실적으로 쉽지 않습니다. 많은 분이 자신이 만든 문장이 문법적으로 옳은 문장인지 확인할 길이 없다는 점에서 답답함을 토로하기도 합니다. 이럴 때 쓸 수 있는 것이 'AI 튜터'입니다. 현재 시장에는 다양한 AI 기반 언어 학습 앱과 사이트들이 있습니다. 사용자의 입력을 분석하여, 즉각적인 문법 및 어휘 피드백을 제공합니다. 그리고 학습자의 수준과 진행 속도에 맞춰 개인화된 학습 코스를 제공합니다.

정말 그 어느 때보다 손쉽게 영어를 공부할 수 있는 시대라고 할 수 있습니다. 게다가 AI 기술의 특성상, 사용자가 어떻게 질문을 활용하는지에 따라 사용자의 학습 이력을 기반으로 약점을 파악하고, 해당 부분을 강화할 수 있는 맞춤형 연습 문제도 무한히 제공받을 수 있게 되었습니다. 내게 맞는 AI 툴(tool)을 찾아 실시간으로 원어민 선생님처럼 활용해 보세요.

내가 어떤 부분이 약한지 확인하고 의식하려는 노력을 갖는 것만으로도 문법 오류를 크게 줄일 수 있습니다. 또, 우리식이 아닌 원어민의 시각으로도 문법 공부를 바라볼 필요가 있습니다. 왜 이 문법이 생겨났는지를 이해하려고 하다 보면 무작정 암기하기를 넘어 자연스럽게 뉘앙스까지 체득할 수 있게 됩니다.

● 문법 숙지 후, 꼭 해야 하는 일

특정 문법을 공부했다면 그것으로 끝내면 안 됩니다. 영어 문법의 일정 부분은 수학 학습의 원리처럼 다가가야 할 때도 있습니다. 예컨대, 수학 한 단원에서 새로운 공식을 배웠습니다. 공식을 외웠다고 끝일까요? 공식을 바탕으로 예제를 풀고, 응용문제까지 풀죠. 영어 문법도 마찬가지입니다. 문법을 다 이해한 것 같아도 막상 회화에서 활용하기는 쉽지 않습니다.

따라서 문법을 배운 후에 다양한 문맥에서 어떻게 문법이 사용되는지 관찰하고, 이와 비슷한 예문을 직접 작성해 보는 것이 중요합니다. 아무리 좋은 예문이 책에 있어도 내가 만드는 문장보다 기억에 오래 남을 수는 없습니다. 그렇게 배운 문법을 활용해서 최대한 많은 예문을 작성해 나가다 보면, 내가 몰랐던 단어나 간과했던 다른 문법 포인트까지 덤으로 체득할 수 있게 됩니다.

　한국어와 영어 사이의 문법 차이를 극복하는 것은 시간이 필요한 과정입니다. 가장 중요한 것은 실수에 실망하지 말고, 새로운 학습 기회로 생각해야 한다는 것입니다. 배운 문법을 바탕으로 내가 직접 예문을 만들면, 훨씬 와닿아 기억에도 오래 남습니다. 이렇게 하나하나 새긴 문장은 이후 상황에 맞게 단어만 바꾸어 회화에도 활용할 수 있는 소중한 밑바탕이 될 것입니다.

라이팅 편

라이팅 편

일상에서 시작하는 라이팅

영어로 글을 쓰고 싶지만 막상 어떻게 어떤 주제로 쓸 것인가, 한국어로도 쓰기 힘든 글을 영어로 쓸 수 있을까? 많은 고민이 들 것입니다. 하지만 걱정하지 마세요. 꼭 거창한 글이나 과제가 아니어도 괜찮습니다. 처음엔 이렇게 사소해도 되나 싶을 정도의 간단한 문장부터 영어로 만들어 보세요! 방금 한 혼잣말을 영어로 써 본다든가, 오늘 하려고 한 일을 휴대폰 메모장에 영어로 적어 보는 겁니다. 어렵지 않죠? 이것 말고도 초심자가 일상에서 시작하기 좋은 다른 라이팅 방법을 소개해 드리려 합니다.

- **필사**

 훌륭한 글을 따라 쓰는 "필사(transcription)"부터 시작해 보세요. 필사의 효과는 익히 알려져, 자기 계발의 하나이자 취미로서 많은 분의 일상에 자리하고 있습니다. 그리고 다른 사람의 글을 필사하면 통상적으로 사용하지 않는 다양한 어휘, 관용구 및 표현에 노출됩니다. 특히 숙련된 작가들이 사용하는 문장 구성, 문단 구조 및 이야기의 흐름과 같은 언어 패턴을 이해하고 내재화하는 데 이렇게 더 좋은 훈련 방법이 있을까요?

 필사의 두 번째 장점은 철자 공부에도 큰 도움이 됩니다. 디지털 기술의 발달로 스펠링 일부만 넣어도 어휘가 완성되는 '자동 완성 기능'이 있습니다. 이 때문인지, 요즘에는 원어민 아이들조차 철자 숙지에 어려움을 느끼는 경우가 다반사라 합니다. 혹시나 어떤 단어의 철자가 잘 외워지지 않는다고 해서 그것만 수십 번 반복하여 쓰는, 일명 '깜지 쓰기' 공부법은 그리 추천하지 않습니다. 물론 그렇게 해서 외워지는 효과가 전혀 없다고 할 수는 없겠지만, 철자를 외우는 용도 외에 유의미한 효과를 기대하긴 어렵습니다. 차라리 필사하면서 소리 내어 단어나 문장을 읽는 편이 훨씬 도움이 됩니다.

그렇다면 영어 필사를 위해서는 어떤 책을 고르면 될까요? 장르가 무엇이 되었든, 내가 흥미를 느끼고 필사할 수 있는 내용이면 모두 좋습니다. 영어 필사를 하게 되면 자연스럽게 영어 문장 구조가 눈에 익기 시작할 것입니다. 내가 알고 있던 숙어나 표현이 문장 안에서 어떻게 살아 숨 쉬는지 직접 보게 되면, 그것은 종이에만 적는 것이 아니라 나의 마음에 새기는 효과가 있습니다. 그리고 필사를 통해 배운 것들을 창작 글쓰기에 적용하여 자신만의 스타일을 발진시키세요.

- **영어 일기**

가능하다면 매일 조금씩이라도 다이어리를 쓰는 습관을 기릅시다. 작문 능력 향상과 어휘력 강화에 큰 도움이 됩니다. 일상의 경험을 기록할 뿐 아니라, 그에 따른 나의 감정과 소감을 덧붙여 문단을 확장해 나가는 겁니다. 일상에서 겪는 사건, 감정, 생각 등을 영어로 기록하다 보면 과거 시제에 익숙해집니다. 앞으로의 계획이나 새해 소망과 같은 결심을 적는다면 반대로 미래 시제를 한 번이라도 더 살펴보게 됩니다. 내가 직접 느끼고 경험했기 때문에 쓸 거리가 끝이 없습니다. 그 주제에 대해 가장 잘 아는 것도 바로 나 자신이죠.

하지만 가장 중요한 부분은 형식에 얽매이지 말고, 자유롭게 일기를 써 나가야 한다는 점입니다. 행여나 영어 실력, 문법 지식에 자신이 없다고 쉽게 포기하지 마세요. 다이어리라는 작은 노트 안은 지극히 개인적인 공간입니다. 중요한 것은 영어로 직접 일기를 쓰는 것이지, 완벽한 영어가 아닙니다.

그렇게 감정과 생각을 자세히 기록했다면, 주기적으로 일기를 다시 읽고 수정하는 활동을 해봅시다. 과거의 글을 보다 보면 실수가 눈에 띄게 됩니다. 나도 모르게 실력이 향상된 것이죠. 문장 구조나 표현을 개선해 보며 라이팅 기술을 향상해 보세요.

또, 일상에만 주제를 국한하지 말고, 새로운 자료를 함께 활용하며 주제를 넓혀보세요. 책, 영화, 노래 가사 등에서 마음에 들었던 구절이나 이에 대한 감상을 적는다든가, 뉴스 기사를 읽고 내용을 요약한 후 이에 대한 내 의견을 간단히 써보세요. 다양한 문체를 접할 뿐 아니라, 우리에게 익숙하지 않은 영어식 단위, 숫자 등의 활용법도 살펴볼 좋은 기회입니다.

- **영어 자기소개서 작성**

실제로 제가 즉각적인 효과를 많이 본 방법입니다.

호주 호텔학교, 미국 대학교 편입, 승무원 면접 등 인생의 중요한 순간과 맞닥뜨릴 때마다 영어로 자기소개서를 작성하며 익힌 표현과 문장은 엄청난 밑거름이 되어 주었습니다. 꼭 시험이나 면접이 아니어도 내가 전달하고자 하는 바를 영어로 어떻게 표현할 수 있을지 고민해 보세요. 연습을 거듭하다 보면 활용할 수 있는 영어 풀(pool)이 확장됨을 느끼실 거예요.

무엇보다 내가 아는 단어와 표현의 개수는 결코 나의 영어 실력과 비례하시 않습니다. 언어를 배우는 궁극적인 이유는 자기 생각과 감정을 표현하는 데 있습니다. 그리고 자기소개서 작성은 이를 좀 더 세련되면서도 효과적으로 배우는 좋은 기회입니다.

- **영어 블로그**

필사와 일기처럼 지극히 개인적인 영역에서 라이팅 습관을 형성했다면, 본격적으로 공개 범위를 확장해 봅시다. 블로그를 개설하여 주기적으로 영어로 작성한 공개 게시물을 업로드하세요. 관심사나 취미와 관련된 주제를 선택하는 것은 필사나 영어 일기 쓰기 때와 똑같지만, 큰 차이 하나가 있습니다.

바로 독자의 존재입니다. 블로그에도 개인적인 사색

이나 일상을 콘텐츠로 삼을 수 있습니다. 하지만 블로그로 유입해 오는 독자 대부분이 특정 주제에 대한 정보 습득을 목적으로 하고 있으므로, 블로그 운영자로서는 콘텐츠 제공을 위한 주제 연구가 필수입니다. 주제 연구 및 정보 분석은 비판적 사고와 글쓰기 능력의 시작점이기도 합니다.

게다가 블로그라는 공개된 공간에는 최대한 완성도 높은 게시물을 올리려는 심리가 작용합니다. 누군가 이 글을 읽을 수도 있다는 생각이 들면, 아무래도 편한 마음으로 일기를 쓸 때보다 더 꼼꼼하게 글을 작성하겠죠. 그리고 블로그가 성장할수록 유입되는 독자 수도 함께 늘어납니다. 댓글에 답글을 남기거나, 주제에 대한 의견을 나누며 커뮤니케이션 기술이 향상됩니다.

마지막으로, 영어로 게시물을 작성한다고 해서 부담을 갖고 운영하기보단 즐거운 마음으로 과정을 즐기는 것이 중요합니다. 매 게시물을 마치 숙제를 제출하듯 엄격하게 하면 습관을 오래 유지할 수 없습니다. 새로운 사람들을 만나며 실질적으로 소통하는 기회로서 영어 블로그를 바라보시기를 바랍니다.

처음 할 때는 속도가 더디겠지만, 짧은 문장이라도 계속해서 쓰다 보면 타자기나 종이 위에서 이루어졌던 문장 형성 과정이 머릿속으로 이동하게 됩니다. 무용수가 실전 무대에 오르기 전 무수히 많은 연습을 거치듯이, 최대한 많이 영어로 글을 작성해 보세요.

글의 첫인상,
매력적인 "Hook" 작성법

"Hook"이란 주로 아카데믹 에세이(Academic Essay)에서 제일 처음 등장하여 독자의 시선을 사로잡는 첫 문장을 뜻합니다. 만남에서 첫인상이 중요하듯, 라이팅에서 Hook은 내 글의 시작을 알리는 신호탄입니다. 글의 가장 첫 시작점인 Hook, 어떻게 하면 매력적으로 보일까요? 새하얀 종이에 압박을 느낀다면 지금 소개하는 3가지 비법에 주목해 보시기 바랍니다. 특히 토플, 아이엘츠와 같은 어학 능력 시험에서 짧은 시간에 주어진 라이팅을 완성할 때 활용하면 유용한 방법입니다.

- **시대, 숫자, 격언 활용**

고전적인 방법이지만, 그렇기에 가장 안전한 기법입니다. 첫 문장에 숫자, 시대 등 수치화된 문장으로 에세이를 시작한다면 신뢰감 있는 이미지를 줄 수 있습니다.

"1960년대, 우주 경쟁의 시대에…"
"21세기 정보 혁명 시대, 우리는…"
"다가오는 인공지능 시대, 인간은…"

특정 시대를 언급하여 독자의 관심을 끌고, 해당 시대와 관련된 주제를 소개하는 데 효과적입니다. 키워드가 될 만한 숫자와 통계를 사용해도 좋습니다.

"100만 명이 넘는 사람들이…"
"세계에서 가장 높은 산은…"
"인구의 80%가…"

숫자를 사용하여 주장의 객관성을 높이고, 독자에게 강력한 인상을 심어줄 수 있다는 것이 가장 큰 장점입니다. 대신, 이렇게 숫자와 통계를 활용할 때는 반드시 신뢰할 만한 출처에서 가져온 정보여야 합니다.

에세이 주제와 일치한다면 여러 유명인의 명언이나 인용문을 활용할 수도 있습니다. 고전적인 방법일지라도 읽는 이에게 직관적이고 강렬한 첫인상을 남길 수 있습니다.

그러나 주의 사항도 있습니다. 시대, 숫자, 격언을 활용한 Hook sentence 작성 기법은 너무 자주 사용하면 진부해지고, 글과의 연관성이 없다면 독자의 흥미를 끌지 못할 수 있습니다. 그래서 이 기법을 사용한 Hook 문장은 글의 주제와 더욱 밀접하게 연결되어야 합니다. 유명한 방법인 만큼 관심이 빨리 사그라질 수 있기 때문에, 이후 문단에서도 독자의 관심을 계속 끌어야 합니다.

- **흥미로운 질문과 강렬한 첫 문장**

주제와 관련되어 있으면서도 충격적이거나 의미 있는 질문을 제시하여, 독자로 하여금 글을 읽기 전에 주제에 대한 의문이나 고민을 하도록 유도하는 기법입니다.

"What if everything you believed about heroism was just a fantasy?"

"만약 당신이 믿어온 영웅에 대한 모든 것이 그저 환상에 불과하다면 어떨까요?"

감정을 자극하는 강렬한 언어를 사용하여 독자의 감정에 호소하는 것도 좋은 방법입니다. 독자의 감정적 반응 혹은 공감을 끌어내어 글에 더 깊은 몰입을 할 수 있도록 합니다.

"Some wounds never heal; they just teach you how to live with the pain."

"어떤 상처는 결코 아물지 않는다. 그저 그 고통과 함께 살아가는 법을 가르쳐 줄 뿐이다."

- **비유/은유**

발레를 전공하는 동안 저는 종종 짝사랑하는 기분이었습니다. 마치 나만 발레를 일방적으로 사랑하고 끝없는 애정을 갈구하는 듯한 느낌이었죠. 부상이라는 큰 좌절을 겪고 어린 시절부터 간절히 열망했던 발레리나의 꿈은 끝내 이루지 못했기에, 이루어지지 않은 첫사랑쯤으로 남겨두기로 했습니다.

그래서 누군가 제게 첫사랑이 누구냐 물어온다면, 나의 첫사랑은 사람이 아닌 발레였노라. 대답하곤 했습니다. 그리고 이 이야기는 제 대학 입학 에세이의 첫 문장으로 등장하게 됩니다. "'첫사랑은 이루어지지 않는다,'제 모국어인 한국어에는 이런 말이 있습니다."라고 말하면서요. 우리에겐 진부한 말일 수 있지만, 영어를 통하니 생경하면서도 독창적인 표현으로 재탄생될 수 있었습니다. 제 이야기의 첫 시작으로 딱 어울리는 Hook이었습니다. 진심이 담겨있기도 했고요.

이처럼 Hook 문장에 비유나 은유를 활용하면 독자의 상상력을 자극하고 "어떤 이야기를 하려는 걸까?"라는 궁금증을 유발할 수 있습니다. 주제를 더 재미있고, 이해하기 쉽게 설명해 줄 수 있어야 하므로 어려운 전문 용어보다는 주변에서 어렵지 않게 볼 수 있는 것을 사용하면 좋습니다.

다양한 Hook 문장 기법을 활용해 보세요. 도입부에 독자의 관심을 사로잡는 문장을 배치하여 글의 몰입도를 높일 수 있습니다. 주제와 내용에 잘 맞는 Hook 문장을 선택하면, 독자들은 더 많은 관심을 두고 읽어 나갈 것입니다.

주제는 간결하고 명확하게!
효과적인 "Thesis" 작성법

"Thesis statement(주제문, 논지)"란, 에세이나 보고서 등의 글에서 말하고자 하는 논지를 딱 한마디로 정리한 핵심 문장이라고 할 수 있습니다. 보통 문단의 서론 맨 마지막에 자리하는데, 대략적인 모습은 아래와 같습니다.

"(Hook sentence) _____
_____
_____
_____ (Thesis statement)."

이건 영작문에서 암묵적으로 정해져 있는 규칙입니다. 에세이를 심사하는 대학 입학처 담당자들은 Hook이나 Thesis statement가 있어야 할 자리부터 빠르게 확인합니다. Thesis statement는 글의 주요 내용과 방향을 제시하며, 독자와 저자 모두에게 글의 좌표 역할을 합니다.

영어 에세이를 쓸 때 학생들이 자주 하는 실수 중 하나가 처음 논점에서 벗어나 소위 산으로 가는 경우입니다. 분명 이 주장에 찬성한다더니, 읽다 보면 어울리지 않는 예시와 반대하는 주장문까지 섞여 있습니다. 이런 글은 대개 Thesis statement부터 빈약하고 명확하지 않습니다. 제한된 분량 안에서 효과적으로 자신의 주장을 전달하기 위해서는 핵심 내용을 선별하고 논리적으로 구성해야 합니다. 그렇다면 잘 쓴 Thesis statement란 무엇일까요?

- **1. 핵심 주장을 한 문장으로 명확하게 정의하세요.**

Thesis statement는 글에서 펼칠 핵심 주장을 담은 문장입니다. 이 문장을 읽는 것만으로도 글의 주제가 명확하게 전달되어야 합니다. 불필요한 단어나 표현은 최대한 줄이는 것이 맞지만 그렇다고 지나치게 짧은 문장은 지양하는 것이 좋습니다.

　한 문장에 너무 많은 아이디어나 내용을 담으려고 하지 마세요. 주제문을 뒷받침하는 세부 사항이나 주장은 본문에서 제시합니다.

　필요한 경우, 적절한 기호를 사용하여 어떤 구체적인 주장을 할지 명료하게 나타내기도 합니다.

> 콜론(:) → 뒤에 오는 내용이 앞 내용을 구체적으로 설명할 때 사용
> 세미콜론(;) → 관련된 두 개의 독립적인 문장을 연결할 때 사용

- **2. Thesis statement를 통해 독자가 가질 수 있는 기대치를 한껏 끌어올리세요.**

　에세이의 논점을 한 문장으로 담고 있기 때문에, 글을 읽고 나면 독자가 무엇을 얻을 수 있을지 상상하기 쉽습니다. 단순한 사실을 제시하기보다는 논의나 토론을 유발하면 더욱 좋습니다. 이 문장 하나로 '필자는 이런 주장을 하려는 것이군. 내 생각은 이러한데 말이야.'라는 식의 반응을 끌어낼 수 있어야 합니다.

- **위의 2가지를 적용한 Thesis statement 예시 :**
- **주제 1. 소셜 미디어**

Weak Thesis statement: "Social media has some bad effects on society."

소셜 미디어는 사회에 몇 가지 나쁜 영향을 미칩니다.

Strong Thesis statement: "Despite its benefits in connecting people and sharing information, social media platforms have contributed to the spread of misinformation, cyberbullying, and addiction, raising concerns about their impact on individual and societal well-being."

사람들을 연결하고 정보를 공유하는 데 이점이 있음에도, 소셜 미디어 플랫폼은 잘못된 정보, 사이버 폭력, 중독을 초래하며, 개인과 사회에 미치는 영향에 대한 우려를 불러일으키고 있습니다.

- **주제 2. 교육**

    Weak Thesis statement: "Education is important."

    교육은 중요합니다

    ⋮

    Strong Thesis statement: "Access to quality education is a fundamental human right and a key driver of individual and societal progress."

    질 높은 교육에 대한 접근은 기본적인 인권이며 개인과 사회 발전의 핵심 동력입니다.

- **주제 3. 리더십**

    Weak Thesis statement: "Effective leadership requires many things."

    효과적인 리더십은 많은 것을 요구합니다.

    ⋮

    Strong Thesis statement: "Effective leadership requires three key traits: vision, communication skills, and adaptability."

    효과적인 리더십에는 세 가지 핵심 요소가 필요합니다: 비전, 의사소통 능력, 그리고 적응력.

완성도 높은
세련된 라이팅 비법

글쓰기는 단순히 문법 규칙을 지키고 단어를 나열하는 것이 아닙니다. 독자의 마음을 사로잡고, 생각을 효과적으로 전달하기 위해서는 세련되고 완성도 높은 글쓰기 기술이 필요합니다. 숙련된 장인이 예술 작품을 만드는 것처럼, 라이팅 능력을 한층 매끄럽고 세련되게 끌어올리는 비법을 소개합니다.

- **다양한 동사 활용**

영어에서 동사는 행동을 표현하는 역할을 넘어, 글에 생동감을 불어넣고 독자의 몰입도를 높이는 핵심 요소입니다. 동사마다 내포하고 있는 고유의 의미가 다양하기에 이를 적절히 활용하면 글의 분위기를 조절하고 독자의 감정에 한층 가까워질 수 있습니다. 예를 들어, "걷는다"라는 동사의 큰 틀 안에서도 영어에서는 동사마다 주는 이미지가 각양각색입니다.

> Walk : 가장 기본적인 걷기
> Saunter : 느긋하고 여유로운 걸음걸이
> Amble : 천천히 걷거나 우아하게 거니는 걸음걸이
> Strut : 거만하거나 자신감 넘치는 걸음걸이

표현하고 싶은 상황에 따라 동사를 선택하여 묘사를 풍부하게 해보세요. 독자에게 더욱 생생한 이미지를 전달할 수 있습니다. 내가 고심하여 정한 동사 하나가 문장의 전체 이미지를 좌우한다는 것을 잊지 마세요!

- **영어는 구체적인 것을 좋아한다!**

흔히 한국어는 끝까지 들어봐야 안다고 합니다. 원한다면 의도적으로 주요 정보를 문장 끝까지 미룰 수도 있습니다. 반대로, 영어는 대체로 핵심이 되는 요점이 문장 앞부분에 등장하는 두괄식 서술을 지향합니다. 이 특징 때문에 영어는 한국어보다 더 구체적이고 명확하

게 표현됩니다. 간단히 기본 문장 구조, '주어-동사-목적어(SVO)'만 봐도 그렇습니다. 에세이 구조에서도 말하고자 하는 바를 우선으로 쓰고, 이에 적합한 예시를 뒤에 들어 주장을 뒷받침함을 알 수 있습니다.

둘째로, 영어로 글을 쓸 때 "그것"이나 "이것"과 같은 애매한 대명사는 문맥 없이 사용하지 않는 것이 좋습니다. "it"이나 "that"으로 문장을 끝내는 경우가 많은데, 읽는 사람으로서는 "What is 'it' here?", "So what?"과 같은 의문을 자아내기 쉽습니다. 혼동을 피하기 위해서는 정확한 명사를 언급하거나, 명확한 설명이 있어야 합니다. 앞에 이미 언급되어 내용 파악하는 데 아무런 문제가 없다고 해도 독자가 암시적으로 의미를 파악하는 게 아니라 확실해야 합니다.

셋째로, 문장에 살을 붙이며 내용을 구체적으로 표현하려는 노력이 필요합니다. 살을 붙이란 것이 불필요한 정보로 글자 수를 늘이라는 말이 아닙니다. 단순히 무엇을 했고 어떤 느낌이 들었는지를 표현하는 정도의 문장에도 충분한 표현과 설명으로 자세하게 묘사할 수 있습니다.

- **위의 3가지를 적용한 예시 :**

    I watched a movie today. It was really fun.
    저는 오늘 영화를 봤어요. 정말 재밌었어요.

    ⋮

    I watched a comedy movie today. It had me laughing out loud the entire time!
    저는 오늘 코미디 영화를 봤어요. 보면서 내내 계속 웃었습니다!

영어 왕초보 단계에서는 문법 오류를 줄이며 간결하게 문장을 완성하는 훈련을 하는 것이 중요하지만, 점점 레벨이 올라갈수록 다양한 품사 활용과 표현으로 문장을 다채롭게 만들어 보세요! 훨씬 부드럽고 읽고 싶어지는 글이 됩니다.

- **기승전결 구조 활용**

독자를 사로잡고 핵심 메시지를 명확하게 전달하려면 기승전결 구조를 활용해야 합니다. 보통 이야기에만 쓰인다고 생각하지만, 에세이나 논문에도 쓸 수 있습니다. 기승전결의 단계별 전략을 통해서 독자를 글의 세계로 몰입하게 할 수 있습니다.

- **1. 기**(起) **: 독자의 관심 끄는 서론**

  -흥미로운 질문 : 독자의 생각을 자극하고 궁금증을 유발하는 질문으로 시작한다.

  -인용문 활용 : 유명 인사의 인용문이나 통계자료를 활용하여 주제의 중요성을 강조한다.

  -개인적인 경험 : 주제와 관련된 개인적인 경험을 공유하여 독자의 공감을 끌어낸다.

  -주제 소개 : 주제를 소개하며 이 글이 무엇을 다룰 예정인지 한 문장으로 정의한다.

- **2-1. 승**(承) **: 본격적으로 주제를 명확하게 전달하는 본론**

  -논리적인 구성 : 주제를 세부 주제로 나누고, 각 주제를 논리적으로 연결하여 전달한다.

  -구체적인 예시 : 각 주장을 뒷받침할 수 있는 구체적인 예시, 통계 자료, 전문가 의견 등을 제시한다.

  -다양한 관점 제시 : 주제에 대한 다양한 관점을 제시하여 글의 객관성을 높인다.

- **2-2. 전**(轉) **: 전환점을 두어 독자의 생각을 확장하는 본론**

  -반대 주장에 대한 답변 : 반대되는 주장을 예측하여 반박한다.

  -새로운 질문 제시 : 주제와 관련된 제2의 새로운 질문을 제시하여 독자의 사고를 자극한다.

● **3. 결(結) : 핵심 메시지 전달하는 결론**

> -핵심 내용 요약 : 글의 핵심 내용을 간결하게 요약한다.
> -행동 독려 : 독자에게 주제와 관련된 특정 행동을 독려하는 문구를 사용한다.
> -최종 메시지 전달 : 독자에게 기억될 만한 강력한 메시지로 마무리한다.

에세이 종류에 따라 세부적인 사항은 다를 수 있지만, 기승전결 구조를 활용한 라이팅은 독자를 사로잡고 핵심 메시지를 명확하게 전달하는 데 효과적인 전략입니다. 서론에서 주제를, 본론에서는 주제에 따른 구체적인 주장문을, 결론에서는 에세이의 본질 즉, 이 글을 쓴 이유를 마지막으로 강조하며 마무리합니다.

스피킹 편

스피킹 편

왜 학교 영어는 스피킹 실력을 키워주지 못할까?

대한민국 국민 대부분은 초등학교 시절부터 대학까지 영어의 굴레에서 삽니다. 하지만 오히려 해외에서 생활해 본 경험으론, 책상 앞에 끈기 있게 앉아 단어를 외우며 "공부, 공부!"하는 친구들보다는, 밖에 나가서 현지 친구들과 어울리며 어설프게나마 더듬거리며 말하는 쪽이 훨씬 빨리 영어 실력이 느는 모습을 자주 보았습니다. 그 친구들은 학교에서 배운 영어가 전부임에도, 영어를 대부분 준 원어민급으로 구사하고 소통에 큰 무리가 없습니다. 전 늘 어떤 차이점이 있는 건지 궁금했습니다. 그래서 유럽권 친구가 생길 때마다 어떤 영어 공교육을 받았는지 묻곤 했습니다. 그들의 학교 영어 공부의 메인은 "말하기"였습니다. 우리가 학원에서 단어를 몇백 개씩 외우며, 쪽지 시험을 보고, 책장을 넘기는 동안, 그들은 실질적으로 소통에 도움이 될 수 있는 살아있는 영어 교육을 받아온 것입니다.

처음엔 그냥 교육관이 다르다는 생각만 했지만, 점점 이 분야에서 경력을 키울수록 왜 우리는 그렇게 할 수 없는지에 대해 고찰하게 되었습니다. 한국에 영어 잘하는 사람이 그렇게 많다는데, 학교에서 아이들에게 스피킹을 가르칠 만한 선생님이 존재하지 않는 것일까요? 당연하지만 절대 아닙니다. 가장 크게는 수능 영어에서 리딩과 리스닝만 존재하기 때문일 것입니다. 자연스레 학교 교육도, 선생님도, 학생도, 스피킹과 라이팅보다는 리딩과 리스닝에 집중할 수밖에 없습니다.

영어 외에도 공부해야 할 것이 많은 학생은 '부수적'이라 여겨지는 분야에 시간을 쏟기가 어려울 것입니다. 작은 점수 차이가 대학의 문턱을 결정지으니까요. 이러한 이유로 학교에서 배우는 영어가 스피킹에는 큰 도움이 되지 않을 수 있다고 생각합니다. 물론 제가 생각한 것 외에 다른 이유가 있을 수 있고, 이 문제를 짧은 지면으로 다 헤아리기엔 무리가 있을 것입니다. 그래도 이 제도가 현재 가진 공정성과 경제성 등을 고려한다면 마냥 불만만 품을 일은 아니지 않나 생각을 해봅니다.

한 가지 이야기를 더 하자면, 미국에서 대학 생활을 하는 동안 다양한 성격의 유학생들을 보아 왔습니다. 다 그런 것은 아니지만, 한국을 포함한 아시아 국가에서 온 유학생 친구들은 대부분 현지 미국인 학생들에 비해 잘 나서지 않는 경향을 보입니다. 질문이나 손을 들고 적극적으로 자신의 의견을 피력하는 상황에선 몸을 사리는 편입니다. 아마 유년 시절부터 받아온 동서양 교육의 차이에서 비롯된 것이겠죠. 그러다 보니 애써 노력하지 않으면 수업만 열심히 듣다 나오는 게 다반사입니다. 게다가 미국 대학 교육 시스템상, 시험과 과제의 양이 정말 엄청나서 놀기보다는 전반적으로 공부에 매진하는 분위기입니다. 물론 파티 문화가 발달했지만, 흔히 상상하는 미국 생활과는 동떨어진 일상을 보내는 쪽이 훨씬 많습니다. 이런 실상이다 보니, 대학에서 오히려 스피킹을 연습할 시간이 많이 줄어들게 됩니다. 반면, 있는 체력과 없는 체력을 끌어모아 바쁜 와중에도 파티에 참석하고, 현지 친구들을 만들려고 노력하는 친구들은 영어가 금방 느는 것이 눈에 보입니다.

공부는 내팽개치고 파티에 참석하여 스피킹을 늘리라는 것은 절대 아닙니다만, 영어권 국가의 학교에 다녔다고 혹은 해외에서 오래 생활했다고 해서 저절로 스피킹이 늘진 않는다는 의미입니다.

어쩌면 우리는 영어를 못할 핑계를 대고 싶은 것뿐인지도 모릅니다. '한국에서 영어 배우면 스피킹 못하잖아!'라는 생각보다는, 지금이라도 할 수 있는 선에서 스피킹을 위한 자그만 노력을 실천해 봅시다.

진짜 영어는
맥락 속에서 탄생한다

"Hi, how are you?"
"I'm fine, thank you. And you?"

한국인이라면 절대 모를 수가 없는 전설의 인사말입니다. 한때 '문장 통으로 외우기'와 같은 영어 공부 방식이 유행하기도 했었습니다. 기계처럼 버튼만 누르면 줄줄 외운 문장이 출력되는 모습이 마치 훈련된 조교의 모습을 방불케 합니다. 저 역시 별반 다르지 않았습니다.

"How are you?"
"I am good."

미국 생활하면서 수많은 사람과 나눈 인사입니다. 그러다 큰 깨달음을 얻은 한 가지 사건이 발생합니다. 미국에 간 지 아직 얼마 되지 않았던 때, 저는 어느 날 "How are you?"가 아닌 다른 방식의 인사를 받게 됩니다.

"What's up?"

와썹. 래퍼들 인사인 줄로만 알았지, 실제 이 인사를 듣게 될 줄이야. 순간 당황하여 아무 말도 못 했습니다. 그 짧은 찰나에 제 머릿속을 끝없이 뒤적였지만, 안타깝게도 무어라 대답해야 할지 적절한 말이 떠오르지 않았습니다. 머뭇거리는 저를 상대가 의아한 듯 바라보더니 어깨를 으쓱였습니다. 인사란 눈 마주침과 동시에 벌어지는 순간의 행위인데(happening), 답인사를 하지 못한 웃지 못할 해프닝이 벌어진 것입니다.

이 일이 있고서 저 자신조차 매일 같이 한결같은 인사만 하고 있다는 것을 깨닫게 되었습니다. 친구를 봐도 "How are you?", 카페의 점원에게도 "How are you?", 제가 수업을 듣고 있는 ESL 과정 강사님을 봐도 "How are you?" 하우알유의 연속이었습니다. 물론 "How are you?"는 단연 가장 많이 들리고 사용되는 인사말입니다. 하지만 궁금했습니다. 내가 "What's up?"이라고 묻는다면 상대는 뭐라고 답할지.

"What's up?"

저는 큰 결심을 하고 인사를 건넸습니다. 귀를 쫑긋하고 상대의 반응을 기다립니다.

"Nothing much."

'뭐지? 여기서 왜 부정문이 나오는 거야?'

"Nothing much."라는 대답은 실제로 "What's up?"에 대응해서 아주 흔하게 사용하는 대답 중 하나입니다. "What's up?"을 한국어로 번역하면 "무슨 일이야?" 또는 "별일 없어?" 정도로 해석할 수 있습니다. "up"에 '평소와 달리 벌어지는 어떠한 (불쾌한) 별일'이라는 의미가 내포되어 있기 때문입니다. 그래서 상대방은 "그런 일이 없다"는 뜻에서 부정문으로 답하는 것입니다. 특별히 할 말이 없거나 일상이 평범하게 흘러가고 있다는 의미를 전달하는 것이죠. 미국 생활에서

"What's up?"은 정말 자주 듣는 인사말이라는데, 그 인사를 실제로 듣고 활용해 보기 전까진 거짓말처럼 제 귀에 닿지 않았던 모양입니다. 혹은 들어 봤어도 인지하지 못했던 것일 수도 있습니다.

그리고 "What's up? - Nothing much."라는 또 다른 공식을 만들고 그것만 반복하고 싶진 않았습니다. 답이 될 수 있는 다른 인사말은 다음과 같습니다.

"Not much."
"Just the usual."
"Keeping busy."
"Can't complain."
"Same old, same old."
"Just getting by."
"Hanging in there."

설령 이 표현을 미처 다 활용하지 못한다 해도, 적어도 상대의 대답을 이해할 수는 있을 것입니다.

언어는 단순히 단어와 문법의 조합이 아니라, 그 나라의 문화와 생활 방식, 사고방식까지도 반영합니다. 이러한 맥락도 같이 배우지 않으면 간단한 인사말에조차 반응하기 어려운 상황이 초래될 수 있습니다. 흔하디흔한 표현이지만, 정작 제겐 완전히 처음보는 인사였던 "What's up?". 하지만 이런 작은 경험을 통해 단어 "up"에 대한 본질적인 의미도 알 수 있었습니다. 그저 영어에 실패한 떨떠름한 기억이 아닌, 중요한 교훈을 준 소중한 추억이 됐습니다.

이러한 작은 시도들이 모여 나의 언어 스킬을 확장하도록 하는 길을 열어 줄 것입니다. 그러니 주저하거나 예상치 못한 상황에 낭황하지 말고, 다양한 표현을 시도해 보며 언어와 그 속에 담긴 문화를 진정으로 즐겨 보세요.

문장에
맞장구를 쳐라!

　영어 낭독을 열심히 한 학생에게 '방금 읽은 것이 무슨 뜻이냐' 질문을 하면, 잠시 머뭇거리다 다시 처음으로 돌아가는 모습을 종종 볼 수 있습니다. 이 부분은 독해 훈련과도 연관이 있습니다. 영어 문장을 소리 내 읽는 과정에 집중하다 보면 주객전도가 돼버려, 의미 파악이 소홀해지고 기계처럼 읊게 됩니다. 어떻게 하면 낭독을 효과적으로 스피킹에 적용할 수 있을까요?

　이때는 "문장구역(Sight Translation Technique)" 훈련법이 도움이 될 수 있습니다. 문장을 읽으면서 즉각적인 통역을 하는 것으로, 주로 통번역 대학원 등 통역가 훈련에서 사용됩니다. 핵심은 우리가 한글로 된 글을 읽을 때처럼, 영어 문장을 읽어 나가는 동시에 의미를 파악합니다. 문장을 앞에서부터 의미 단위로 나누고, 각 단위를 읽으면서 동시에 해석해야 합니다. 문장의 핵심 단어를 파악하고, 그 단어를 중심으로 문장의 의미를 추론합니다. 딱 떨어지는 매끄러운 해석이 아니어도 괜찮습니다. 문장이 속한 맥락을 고려하여, 문장이 전달하는 의미를 그대로 느끼려고 노력합니다.

> 예시) "The cat sat on the mat."
> 의미 단위 : The cat / sat / on / the mat
> 핵심 단어 : cat, sat, on, mat
> 문법 구조 : 주어-동사-전치사구
> 해석 : 고양이가 앉다 매트에.
> 맥락 : "고양이가 매트 위에 앉는구나!"

문장구역 훈련이 어렵게 느껴진다면, 문장을 속으로 대화하듯 낭독해 보세요. 다음 문장을 예시로 들어 보겠습니다.

> 예시) "The playful puppy chased the bright red ball across the sunny park."

이 문장을 읽고 나서 다시금 처음으로 돌아가 해석하려고 하기보다, 내가 이해할 수 있는 만큼 나누어서 끊어 읽도록 합니다. 그리고 문장의 의미를 이미지화하여 상상해 보세요.

> The playful puppy / chased ⋯ '놀기 좋아하는 강아지가 쫓는구나! (마음속으로 맞장구치기)'
> the bright red ball ⋯ '밝은 빨간색 공을 (이미지 상상)'
> across the sunny park ⋯ '햇살이 내리쬐는 공원을 가로질러서!'

이 과정을 낭독과 함께 훈련하는 것이 포인트입니다. 처음에는 짧은 문장으로 시작하여 문장을 나눕니다. 각 부분이 무엇을 의미하는지 자문하고 맞장구도 쳐보세요. 문자 해석에만 집중하기보다, 문장이 전달하는 내용의 이미지를 상상하며 그대로 받아들이는 훈련입니다. 영어로 사고하는 데 도움이 되니 꼭 활용해 보세요!

기호를 알면
발음이 보인다

온라인 영어 사전에서 단어를 검색해 보면 단어 옆에 괄호 표시가 되어 있고, 알파벳은 아닌 무언가가 붙어 있습니다. 이것이 바로 "발음 기호(Phonetic Symbols)"입니다. 발음 기호는 특정 발음을 문자로 표현한 것입니다.

미국에서 수업을 듣던 중 한번은 이런 일이 있었습니다. 전공과목 시간이었는데, 유독 발표와 참여도(participation)가 성적에 이바지하는 바가 큰 수업이었습니다. 교수님이 학생들의 의견을 듣고, 그에 대한 답변이나 의견을 주고받는 순서였기 때문에, 저 역시 적극적으로 참여하고 싶은 마음이 컸습니다. 다른 학생의 의견을 들으며 무슨 말을 할지 속으로 정리를 하고 있는데, 핵심 표현 하나를 뭐라고 말해야 할지 좀처럼 떠오르지 않았습니다. 노트북으로 급하게 검색하니 처음 보는 단어가 나왔습니다. 어떻게 발음하는 건지 확성기 아이콘을 눌러 한번이라도 들어보고 싶었지만, 한창 토론이 진행되고 있는 강의실에서 발음 음성을 들어볼 수 없는 노릇이었습니다. 하지만 저에겐 방법이 있었죠. 발음 기호를 살펴봤습니다. 발음 기호를 읽을 수 있었기에 아무리 생소하고 어려운 단어여도 발음 기호를 읽고, 그대로 발음하여 의견을 잘 전달할 수 있었습니다.

'발음 기호 공부해 두길 잘했다! 배울 땐 귀찮았는데 이렇게 써먹게 될 줄이야.'

당시에는 수업에 다시 집중하기에 바빴지만, 이 경험은 두고두고 저에게 강렬하게 남아있습니다.

영어 스펠링은 그 모양과 발음이 일치하지 않을 때가 많습니다. 이는 영어가 오랜 시간 동안 다양한 언어의 영향을 받아왔기 때문입니다. 철자만으로 발음을 유추하려다 보면 예상했던 발음과 실제 발음이 크게 다른 경우가 있어 당황스러운 해프닝을 겪기도 합니다.

대표적인 예를 살펴보겠습니다.

- aisle [aɪl] → 발음: 아일

의미: 통로 (특히 비행기 내 통로)
자주 하는 발음 오류: '아이슬', '에이슬'

- colonel [ˈkɜːrnəl] → 발음: 커널

의미: 대령
자주 하는 발음 오류: '콜로넬', '콜로날'

- queue [kjuː] → 발음: 큐

의미: 줄, 대기열
자주 하는 발음 오류: '퀴우', '퀘우에'

- yacht [jɒt] → 발음: 얏

의미: 요트
자주 하는 발음 오류: '야치트', '야흐트' 혹은 철자만 보고 '요트'라는 단어임을 떠올리지 못함

독해 위주, 문제 풀이식 공부에 매몰되다 보면, 상대적으로 발음 확인에는 소홀하게 됩니다. 아는 단어여도 정확한 발음을 알지 못하면 대화를 이어가기가 어렵고, 의미 전달에 오해가 생기기도 합니다.

오늘날 온라인 사전에는 원어민 음성 듣기 기능까지 제공되어, 과거에 비해 발음 기호와 단어를 함께 공부하기가 훨씬 쉬워졌습니다. 게다가 발음 기호를 알면, 소리에만 의존하지 않고도 발음을 더 정확하게 인지할 수 있습니다. 저의 경험처럼, 음성 듣기 기능을 사용하지 못하는 상황에서도 발음기호 덕분에 어떻게 소리를 내야 하는지 알 수 있습니다. 소리를 눈으로 확인하다니, 놀랍지 않은가요?

이렇게 발음 기호를 알면 영어 청취와 소통 능력에도 긍정적인 영향을 주고, 영어의 중요한 요소임에도 그 중요성이 간과되는 경향이 있습니다. 이런 모습을 볼 때면 개인적으로 안타깝다는 생각이 듭니다.

여러분, 발음 기호를 알면 소리가 없어도 발음이 보이고, 보이는 대로 말할 수 있습니다. 그 어떤 단어도 발음 기호와 함께라면 언제 어디서나 정확하게 읽을 수 있죠. 이제부터라도 철자에만 의지해 단어를 익히고 있진 않은지 점검해 보시기 바랍니다. 발음할 수 없다면 내 것이 아닙니다.

스피킹 자신감은
짧은 발화부터 시작한다

　발화자의 출신, 학습 배경에 따라 흔히 '미국식 발음', '영국식 발음'이라고 합니다. 하지만 발음은 단어를 정확하게 말하는 것이고, 억양은 흔히 우리가 말하는 악센트를 의미합니다. 그래서 '미국식 억양', '영국식 억양'이 좀 더 올바른 표현입니다. 정확한 의미를 전달하기 위해 올바른 발음을 구사하고, 한층 멋들어진 내 영어를 위해 억양에도 주의를 기울이면 바람직하겠지만, 영어에서는 이것들만큼 중요한 것이 바로 "발화"입니다.

토익 스피킹 Part 1은 '지문 읽기'입니다. 이 지문 읽기 파트에서는 여러 가지 평가 기준이 존재하는데, 지원자가 주어진 문단을 읽을 때 강세, 억양, 끊어 읽기 등을 어떻게 구사하는지 판단합니다. 강세는 어휘의 어느 곳에 힘을 주어 강조하여 읽는지를 봅니다. 의외로 강세에 익숙지 않아 상대가 잘 못 알아듣는 상황도 발생합니다. 강세에 따라 품사나 뜻이 미묘하게 바뀌기도 하기 때문이죠. "report"는 강세에 따라 명사인 "보고서"가 되기도 하고 동사인 "보고한다"가 되기도 합니다. 끊어 읽기 역시 매우 중요한 심사 기준 중 하나입니다. 언제, 어디서 끊어 읽는지 안다는 것은 문장의 구조를 이해했다는 것이고, 소리 내 읽음과 동시에 이야기 흐름을 파악하고 있다는 것을 증명합니다. 아무리 잘 읽는다고 해도 쉬지 말아야 할 곳에서 쉬거나, 끊어 읽어야 할 곳을 연결하여 읽는다면 듣기에 매우 어색할 것입니다.

이러한 기준을 내 영어 스피킹에 적용하려면 여러 실패의 과정이 필요합니다. 아직 무엇을 어떻게 말해야 할지 감이 서질 않는다면, 짧은 문장부터 문단 단위까지 지문을 올바르게 읽는 연습부터 시작해 봅시다. 문법적으로 정제된 영어 문장을 직접 눈으로 확인하며,

짧은 발화에서부터 성공 체험 횟수를 늘려나가는 것입니다.

 낭독, 영어 지문을 소리 내어 읽으면서, 제가 언급한 여러 말하기 기술 요소를 향상해 보시기 바랍니다. 상대의 말을 듣고 이해하는 것과 내가 그만큼 말할 수 있다는 것은 별개의 문제입니다. 영어 발화의 여러 요소를 신경 쓰며 스피킹을 연습해 보세요.

네이티브 발음, 결코 될 수 없는 것일까?

흔히 어린 아이들은 말랑말랑한 두뇌를 가지고 있다고 합니다. 그리고 현직에서 많은 아이를 만나고 있는 교육자로서 이 말에 십분 공감하는 바입니다. 아이들이 처음 들어본 영어 동요의 가사를 금세 외워 흥얼흥얼 따라 부르는 모습을 쉽게 볼 수 있습니다. 여기에 박차를 가하는 이론이 있습니다. "결정적 시기 가설(Critical Period Hypothesis)"을 들어보신 적이 있으신가요? 인간이 언어를 습득하는 데 가장 적합한 시기가 생물학적으로 결정되어 있다는 가설입니다. 특히 만 6세 이전을 '언어 습득의 황금기'라고 강조합니다. 그래서 이 기간을 벗어나면 언어 습득이 훨씬 더 어려워지고, 모국어 화자 수준의 능력을 달성하는 것이 불가능할 수도 있다는 내용을 담고 있습니다. 네, 그렇습니다. 안타깝게도 성인이 된 우리가 처음 말을 떼듯, "자연스럽게" 영어를 체득하는 것은 불가능에 가깝습니다. 그럼 이 시기를 지나면 결코 영어를 유창하게 말하지 못하게 되는 것일까요?

누구나 영어가 주변에 가득한 환경에 노출될 수 있는 것은 아닙니다. 저 역시 어린 시절에 이렇다 할 영어 노출은 크게 없었고요. 저는 성인이 되어서도 충분히 언어를 능숙하게 습득할 수 있다고 생각합니다. 개인의 꾸준한 노력, 학습 환경, 동기 부여와 공부 습관에 따라 얼마든지 일정 수준 이상으로 영어 실력을 끌어올릴 수 있습니다. 결정적 시기를 지났다고 해서 지나치게 걱정하기보다, 어떻게 하면 영어를 잘할 수 있을지 집중해 보세요. 중요한 것은 꾸준히 노력하고 자신에게 맞는 공부 방법을 찾는 것입니다. 예로, 성대모사를 잘하거나 '듣는 귀'가 좋아서 조금의 인풋(input)만으로도 멋진 발음을 쉽게 하는 사람도 있습니다. 그렇지 않더라도 많이 훈련한다면 충분히 가능합니다.

결론적으로, 결정적 시기 가설은 어린아이들의 영어 교육에 참고할 만한 정보이긴 하지만, 지나치게 맹신하거나 의지할 필요는 없다고 생각합니다.

완벽주의자는
절대 입을 떼지 않는다?

　1부에서 공부의 효율성은 감정 상태와 밀접한 관련이 있다고 했습니다. 나아가, 영어 스피킹 향상을 방해하는 또 다른 내적 요인을 꼽으라면 바로 "완벽주의적 성향"입니다.

　완벽주의적 성향은 꼼꼼한 업무 능력이 탁월합니다. 이건 공부에서도 마찬가지일 겁니다. 완벽을 추구하는 모범적인 학생일수록 숙제에 빈틈이 없고, 학사 일정을 놓치거나 헷갈리는 법이 없습니다. 자신이 세운 계획에 따라 시험에 대비하고 체계적으로 공부합니다. 그러나 완벽주의적 성향이 영어 스피킹 향상에까지 긍정적인 영향을 주는 것은 아닙니다. 특히, 자신의 영어가 완벽하지 않다고 생각하거나, 자신이 설정해 놓은 목표치가 높으면 높을수록, 스피킹에선 그 신중함이 실력 향상의 방해 요소가 되어버립니다. 완벽주의 성향을 가진 사람은 자신에 대한 기대치가 높아서인지, 실수에 대한 두려움이 높고, 작은 실수도 용납하지 않습니다. 아예 포기하는 쪽을 선택하기도 하고요. 이러한 마음은 자신이 준비되지 않으면 입을 떼지 않는 것으로 이어집니다.

이에 비해, 정반대 성향의 사람은 "외국인인데 실수하면 어때!"식의 사고방식을 갖고 있습니다. 원어민 앞에서도 주눅이 들지 않습니다. "넌 영어만 하지? 난 못해도 2개 국어 한다!"라고 당당하게 말하기도 합니다. 한 문장을 입 밖으로 꺼내기 위해 오랜 시간 준비를 하기보단, 어설픈 영어일지라도 생각나는 대로 툭툭 내뱉어도 보고, 어떻게 해서든 제 생각을 영어로 표현하기 위해 아는 단어를 총동원하여 소통합니다.

완벽주의자들이 보기엔 놀랄 일입니다. 그러나 스피킹을 향상하기 위해선 이러한 마인드를 장착해야 합니다. 원어민으로서도 영어 실력과 관계없이 자신 있게 소통하려고 하는 의지가 강한 사람이 더 편하지 않을까요? 처음엔 부족한 영어 실력에 문법 지식도 탄탄하지 않았던 친구가 실수에 개의치 않고 여기저기에서 원어민 친구를 사귀어 적극적으로 영어로 소통하더군요. 몇 년 후에 친구의 영어 실력을 보고 깜짝 놀랐습니다. 과거와는 비교되지 않을 정도로 일취월장해 있었습니다.

완벽주의 성향이 있는 사람이 스피킹을 향상하기 위해서는 어렵겠지만 실수해도 괜찮다는 너그러움과 수용성을 가지려는 노력이 필요합니다. 배우는 과정에서 당연히 틀릴 수 있습니다. 작은 오류나 실수 정도는 융통성 있게 받아들이고, 점진적으로 발전하는 그 과정을 인정하며 작은 성공이라도 축하해 보세요. 물론 이 정도로는 만족이 안 될 수도 있습니다. 이럴 때는 과거의 더 부족했던 자신과 현재 발전된 모습을 놓고, 얼마나 실력이 늘었고 성실하게 해왔는지를 비교하는 것도 좋습니다. 매일 공부 과정을 기록해 보거나, 주기적으로 스피킹 영상을 촬영해 두고 시간이 지났을 때 돌아보세요. 나조차도 예상치 못한 성장을 발견할 수 있을 것입니다.

완벽주의가 반드시 걸림돌이 되는 것은 아닙니다. 완벽주의이기 때문에 얻을 수 있는 장점을 한껏 극대화해 보세요. 꼼꼼함이라는 강점 위에 약간의 유연함을 더하는 겁니다. 배움의 과정 자체를 즐기는 순간 스피킹 실력은 더욱 자연스럽게 성장해 있을 것입니다.

드라마 속
주인공이 되어보자!

 길을 걷다가 한국어가 서툰 외국인이 말을 걸어온다면 어떻게 하시겠어요? 상대가 영어로 말하는 게 아니라면 대부분은 한국어를 천천히 또박또박 말하지 않을까 싶습니다. 반대로, 우리가 학교에서 시험을 보며 듣는 영어 음성 파일은 모두 매우 정확하면서도 일정한 속도로 말합니다. 하지만 이것이 과연 일상생활에서도 자연스러운 의사소통 방식일까요?

 미국 대학교에는 과목별로 성적이 우수한 학생들을 뽑아, 해당 과목의 공부가 어려운 학생들을 돕는 튜터

제도가 있습니다. 저는 재학하던 당시, 교내의 러닝 센터(Learning Center)에 한국어 과목의 튜터를 자처했습니다. 매주 러닝센터를 찾는 학생들과 1:1, 그룹 수업을 도맡아 진행했는데, 이때 제가 개발했던 방법이 바로 '한국 드라마를 활용한 말하기 연습'이었습니다. 저는 일상생활을 주로 다루는 가족 시트콤 대사를 이용하기로 했고, 직접 시트콤 속 등장인물의 대사를 하나하나 받아 적었습니다. 처음으로 손수 편집하여 만든 스피킹 연습 자료였습니다. 내심 걱정하던 것과는 다르게 반응은 폭발적이었습니다.

대망의 첫날, 친구들은 아무것도 모른 채 준비한 영상을 그저 즐겁게 감상했습니다. 저는 영상이 다 끝나고 자료를 나눠 주며, 이제 우리가 영상 속 주인공이 되어보자고 했습니다. 사태 파악이 덜 된 어리둥절한 표정의 친구들에게 임의로 한 명씩 역할을 정해주었습니다. 주의사항으로 영상 속 배우의 말투, 표정까지 따라 할 수 있는 것은 최대한 똑같이 따라 하도록 일렀습니다. 처음엔 어색하고 부담스러워하던 친구들도 어느새 하나둘, 한국어 역할극에 빠져들었습니다. 곧, 흡사 '대본 리딩'의 현장이 되어 있었습니다. 친구들은 무척이나 즐거워하며, 알아서 서로 역할도 바꾸고 나중에는 한국 드라마 속 연기자를 따라 하는 것을 넘어, 자신의 스타일로 장면을 재해석하기도 했답니다. 드라마 속 주인공의 성대모사를 하다시피 하여, 목소리 톤까지 따라 해 본 학생들은 자신이 정말 한국인처럼 이야기하고 있다며 놀라워했습니다. 그리고 교과서에선 쉽게 접할 수 없었던 표현을 많이 알게 되어 기뻐했습니다.

이런 드라마 활용, 참여형 수업을 고안해 낸 데에는 그만한 이유가 있었습니다. 친구들의 한국어 교재를 처음 보게 되었을 때 한껏 정형화된 문장과 예문들을 보고 속으로 무척 놀랐기 때문입니다. 맞춤법과 문법에 근거한 정확한 문장들을 배우는 것도 중요하지만, 스피킹만큼은 실제 우리가 사용하는 자연스러운 문장을 알려주고 싶었습니다. 외국인들의 한국어가 때로는 어색하게 들리는 것도 정형화되어 부자연스럽고 딱딱한 교과서식 문장 때문입니다. 모든 한국어 교재가 그런 것은 아니지만, 이제 갓 한국어를 배우는 학생이 그걸 구별할 수는 없겠죠. 우리도 그렇게 영어를 배우고 있지는 않았을까요?

이러한 부분을 상쇄하여, 최대한 자연스러운 속도와 표현 등을 그대로 경험할 수 있는 것이 드라마, 영화와 같은 영상 콘텐츠입니다. 물론, 드라마나 영화 장면들 또한 어느 정도 연출된 부분이 있습니다만, 그럼에도 가장 자연스러운 영어를 체득할 수 있도록 하는 유용한 창구입니다.

초심자뿐만 아니라 어느 정도 영어 실력이 있는 사람도 영상 콘텐츠로 공부하는 게 도움이 됩니다. 완전한 초심자 단계를 지나 일정 수준에 도달하게 되면, 이제 더 이상 실력이 늘지 않는 것 같은 일명 '정체기'를 맞이하게 됩니다. 높은 단계에서 더 높은 단계로 갈수록 발전 속도가 더딜 수밖에 없습니다. 특히 중급 단계에서 고급 단계로 나아가는 것은 기초, 초급 단계에서 중급으로 갈 때보다 그 벽이 높게 느껴집니다. 계속 비슷한 표현, 같은 구문만 반복으로 쓰는 것 같다는 생각이 들면, 드라마나 영화 영상물을 스피킹 연습 교재로 활용해 보세요.

첫째, 주인공의 대사를 듣고 잠시 멈춘 뒤, 그대로 따라 하는 것입니다. 등장인물의 감정, 배우의 억양, 표정, 손짓까지 묘사하며 이야기 속 장면에 잠시 들어가는 것이죠. 이는 배우의 대사를 동시에 시작하여 동시에 끝맺음하는 "섀도잉"이 아닙니다. 배우의 말을 먼저 듣고 따라 한다는 점이 다릅니다. 우선 최대한 귀에만 의존하여 대사를 파악하고 따라해 보세요. 앞으로 돌아가서 리스닝을 훈련하는 것도 좋습니다.

둘째, 듣는 것만으로 따라 하기 어려운 문장도 있습니다. 속도가 빠르다든가, 모르는 어휘가 있다든가, 여러 가지 이유에서 혀가 좀처럼 빨리 움직여 주지 않을 때도 있습니다. 이런 경우, 어려운 부분을 집중적으로 연습합니다. 짧은 구간을 반복해서 따라 하며 발음, 억양, 표정까지 꼼꼼하게 맞춰 봅니다. 앞서 알려드린 자막 활용법을 쓰셔도 좋습니다.

셋째, 스마트폰 카메라로 자신의 모습을 녹화하면서 연습합니다. 내 모습을 스스로 보면서 발음, 억양, 표정 등을 객관적으로 확인하고 개선할 부분을 파악할 수 있습니다. 원본 영상과도 대조해 볼 수 있으니 아주 효과적인 방법이 될 수 있습니다.

먼저 이렇게 공부하고 익숙해지면 아래의 방법들도 같이 해보세요.

- **나만의 "장면 분석 노트" 만들기**

내가 공부하고자 하는 장면의 대사를 받아 적거나, 기존의 자막을 바탕으로 나만의 "스크립트(Script)"를 만드는 것부터 시작합니다. 주어진 자막을 그대로 활용해도 좋지만, 자막 없이 들어 보고 얼마만큼 들리는지 점검해 볼 수도 있습니다. 만약 내용을 알아듣기 힘들다면, 한국어 자막과 함께 시청해 보면서 전체적인 내용을 파악합니다. 차차 영어 자막으로 설정을 전환하며 내가 모사할 장면 몇 가지를 정해 봅니다.

그리고 대사에 등장하는 어휘 목록을 작성합니다. 영화나 드라마를 통해 어휘와 표현을 접하면, 단순한 단어의 나열이 아니라 맥락적으로 섭하게 됩니다. 그리고 그 맥락에 부합하는 대사가 등장하기 때문에, 다양한 장르에 노출될수록 새로운 어투와 용어 (formal, informal, slang, terminology)를 자연스럽게 익힐 수 있습니다.

어휘 목록 작성이 끝나고 대략적인 내용이 파악되었다면 문장을 받아 적습니다. 손으로 써도 좋고, 컴퓨터로 타이핑하여 작성해도 좋습니다. 이미 내용을 파악하고 어휘도 정리한 뒤이기 때문에 받아쓰기처럼 자막을 끈 채 영상을 틀어서 대사를 받아 적어보도록 합니다. 스피킹(더빙) 훈련에 앞서, 원어민의 대사와 타이밍 및 억양을 맞추기 위해 주의 깊게 듣게 되는데요, 이 과정에서 리스닝도 함께 향상할 수 있습니다.

- **배우의 숨소리까지 따라하기**

영어 말하기 연습을 하려는 것인데, 왜 배우의 숨소리까지 따라 하라고 하는지 의문이 들 수도 있겠습니다. 영어에는 특유의 음조 곡선 즉, "인토네이션(Intonation)"이 존재하는데, 이것은 노래의 멜로디와도 같은 개념입니다. 우리 말에서도 "어디가?"와 "어디 가?"는 그 뉘앙스가 다릅니다. 전자는 자리를 뜰 것인지에 대한 물음이고, 후자는 어느 장소로 갈지에 대한 질문입니다. 이처럼 언어 속에는 많은 정보가 담겨 있습니다. 글자나 단어 외에 비언어적 요소(표정, 말투, 제스처, 눈빛 등)도 소통의 도구입니다. 눈으로 익히고 소리 내어 대사를 읊은 후 어느 정도 입에 붙었다면, 연기자의 톤을 그대로 모방하여 따라 말해 봅니다. 초심자일수록 원어민이 말하는 속도가 빠르게 느껴질 수 있겠지만, 계속 반복 훈련하며 최대한 똑같은 수준으로 끌어올리려고 노력해야 합니다.

해당 구간을 80% 이상 비슷하게 따라 할 수 있을 때까지 반복합니다. 이미 어떤 내용인지 줄거리를 파악하고 있고 인물의 감정에도 몰입한 상태이기 때문에, 이때 습득한 문장은 장기적으로 기억에 남게 됩니다.

게다가 장르나 소재, 이야기 배경에 따라 다양한 배우들의 발음과 억양을 두루 경험할 수 있습니다. 실제로 외국에 나가 보면 정말 다양한 국적의 사람이 구사하는 영어를 듣게 되는데, 미국식 발음에 익숙한 한국인들이 다른 영어권, 혹은 비영어권 출신의 영어를 알아듣기 힘들어하는 경향이 있는 것도 사실입니다. 그렇다고 모든 억양을 다 따라 할 필요는 없습니다. 드라마와 영화를 매개체로 삼아, 다양한 발음을 귀로 적응하는 훈련 정도만 해도 우선은 충분합니다. 기술적인 측면에서 청취력을 향상할 뿐 아니라 다양한 영어 발음을 이해하는 데 있어 데이터를 많이 쌓아둘 수 있다는 의미이죠.

마지막으로 일상에서 드라마 장면과 비슷한 상황을 마주하게 됐을 때, 훈련으로 체득해 두었던 영어 문장이 쉽게 튀어나올 수 있습니다. 영화나 드라마 속 배우들의 대사를 따라 하면서 실생활에서 언어가 어떻게 사용되는지 이해할 수 있게 된 것이죠.

• 더빙하기

영상을 음소거 처리한 후, 성우가 화면을 보며 더빙하는 것처럼 화면 속 배우와 타이밍을 맞추어 내 목소리로 연기해 보세요. 여기서 가장 큰 장점이 발휘되는데,

혼자 연습하지만 혼자가 아닌 효과를 얻을 수 있다는 것입니다. 대화 장면은 상대가 있기 마련입니다. 내가 A 캐릭터를 연기할 때, 마치 B 캐릭터(상대 배우)가 내 눈앞에 있는 것처럼 대사를 주고받을 수 있으므로, 현실에서 원어민과 대화하는 효과를 간접적으로 경험할 수 있습니다. 이 활동을 그룹이나 파트너와 함께 진행할 수 있다면 더욱 상호작용이 깊어진 공부가 가능하겠죠.

　이 과정에 익숙해졌다면, 배우의 연기 톤을 그대로 따라 하는 것을 넘어서 나의 감정대로 해석해 보는 겁니다. 똑같은 "Get out!"이라는 대사라고 해도 어떤 표정과 말투, 손동작으로 이야기하느냐에 따라 다르게 전달될 수 있으니까요. 뮤지컬 작품이든, 영화이든, 드라마이든, 형태는 아무래도 좋습니다. 내가 흥미를 느끼는 장면에 도전해 보세요! 마치 배우가 오디션을 통해 배역을 따내는 것처럼 말입니다.

　그리고 더빙 형식의 스피킹 훈련 후에는 "활동 후 연습" 단계가 남아있습니다. 미디어를 활용한 스피킹 훈련의 장점을 더욱 효과적으로 활용하기 위해서는, 방금까지 연습한 장면의 주제와 관련된 짧은 글을 써보는 것이 좋습니다. 예를 들어, 어떤 부분이 마음에 들어서

이 장면을 선택했는지, 혹은 등장인물에 대한 분석, 활동을 해 본 소감 등을 영어로 기록하는 것입니다. 시청한 영화에 대한 간단한 후기 작성을 블로그에 게시하는 것도 좋습니다.

영어 스피킹을 국내에서, 더욱이 개인이 혼자 향상하는 건 절대 쉽지 않지만, 꾸준한 노력과 다양한 학습 방법을 활용한다면 누구나 목표를 달성할 수 있을 거라 믿습니다. 특히 콘텐츠를 보며 하는 연습은 방에서 혼자 하기 때문에, 타인의 평가를 받을 걱정 없이 발음과 표현을 마음껏 연습해 볼 수 있습니다. 자연스레 영어에 대한 자신감도 높여줍니다. 오늘부터 내가 좋아하는 드라마나 영화 장면을 골라 바로 시작해 보세요!

당신의 영어는
커리어가 된다

초판 1쇄 발행 2025년 5월 30일

지은이   박인영
편 집   희노
디자인   서승연
펴낸곳   메이애플 출판사
출판등록 제2025-000019호
이메일   mayapplebooks@naver.com
블로그   blog.naver.com/mayapplebooks
인스타   instagram.com/mayapplebooks
ISBN   979-11-992767-0-3

· 이 책의 저작권은 저자에게 있으며, 출판권과 판권은 출판사에 있습니다.
· 저자와 출판사의 사전 서면 동의 없이 이 책의 내용을 무단으로
  복제, 전재, 배포하는 것을 금합니다.
· 잘못 인쇄된 책은 구입하신 서점에서 교환해드립니다.

메이애플 출판사는 여러분의 소중한 원고와 독창적인 아이디어를 기다립니다.